노인여가지도사

빈대욱 장일상 임효림 조두이 이수정 임귀희 이혜숙

서현사

머리말

노인의 보건과 복지에 관한 사항을 규정한 법률에는 “노인의 질환을 사전예방 또는 조기발견하고 질환상태에 따른 적절한 치료 · 요양으로 심신의 건강을 유지하고, 노후의 생활안정을 위하여 필요한 조치를 강구함으로써 노인의 보건복지증진에 기여함을 목적으로 한다. 노인은 후손의 양육과 국가 및 사회의 발전에 기여하여 온 자로서 존경받으며 건전하고 안정된 생활을 보장받으며, 능력에 따라 적당한 일에 종사하고 사회적 활동에 참여할 기회를 보장받으며, 노령에 따르는 심신의 변화를 자각하여 항상 심신의 건강을 유지하고 그 지식과 경험을 활용하여 사회의 발전에 기여하도록 노력하여야 한다.”(노인복지법 제1조, 제2조)고 정의하고 있다.

통계청에서 발표한 장래인구추계에서는 2018년 65세 이상 노인인구는 7,380,510명으로 전체인구 51,635,256명 중 14.3%를 차지하고, 5년 뒤 2023년에는 945만 명으로 18%를 차지한다고 밝히고 있다. 통계자료를 보면 해마다 0.5%의 비율로 노인인구가 증가함으로써 전체인구 100명 중 15세 이상 65세 이하의 생산 가능한 인구가 18명의 노인인구를 부양해야 한다는 것이다. 따라서 이제 우리나라도 고령화 사회에 접어들었다는 것을 부인할 수 없는 분명한 사실이 되었다.

불과 1990년 전만 해도 노인인구가 전체인구에서 차지하는 비율이 3~4%에서 머물렀지만 생활수준 향상과 의료기술의 발달 등으로 평균수명이 늘어남으로써 노인인구가 급격히 증가하고 있다. 이로 인한 노인문제 역시 빠르게 증가하여 노인의 상실감이나 우울증, 치매 같은 문제들은 개인이 아니라 사회와 국가가 책임져야 할 문제로까지 확대되고 있다.

이러한 사회적인 변화 속에 노인 삶의 질 개선과 경로효친의 미풍양속에 따른 건전한 가족제도가 유지・발전될 수 있도록 국가가 노인의 보건 및 복지증진을 위해 다양한 정책들을 강구하여 시행하고 있다.

이 책은 노인복지법 제2조에 "건전하고 안정된 생활을 보장받으며, 능력에 따라 적당한 일에 종사하고 사회적 활동에 참여할 기회를 보장받으며……"라고 밝히고 있는 것처럼 국가 시책 중 하나인 노인여가를 좀 더 풍성하고 알차게, 그리고 보다 전문적으로 수행할 지도사를 양성하기 위해 각 분야의 전문가들이 공동으로 참여하여 집필한 것이다.

제1부 이론편에서는 노인에 대한 간략한 이해(장일상)와 노후생활을 어떻게 행복하게 보낼 것인가(임귀희)에 대해 다뤘고, 제2부 실제편에서는 현장에서 활용할 수 있는 노인여가 프로그램을 각 분야의 전문가들이 정리하였다. 각 장에서는 노인과 여가활동(임효림), 노인여가지도사의 기본소양(장일상), 음악을 활용한 코칭 프로그램(이수정), 노래코칭지도 (빈대욱),웃음치료 프로그램과 노인건강 생활요가(임효림), 노인신체활동 스트레칭 및 노인여가지도사 실기(장일상, 조두이), 노인과 전통놀이(임효림, 조두이), 미술치료(이혜숙, 장일상) 등 노인여가와 관련된 내용들이 포괄적으로 정리되어 있다. 그러므로 이 책은 노인여가지도사를 준비하는 분이나 현장에서 활동하는 노인여가지도사분들께는 매우 실제적인 도움을 제공할 것이다. 실제 노인여가지도 현장에서 건강을 유지하기 위해 즐겁게 몸을 많이 움직이는 프로그램들이 호응도가 높았기 때문에 노래와 음악을 함께 진행한다면 보다 재밌게 진행할 수 있을 것이다.

그리고 음악과 체조, 건강체조 등은 여가시설이 아니더라도 진행할 수 있는 프로그램이므로 집이나 야외에서 얼마든지 활용할 수도 있을 것이다.

이 책에서 안내하고 있는 프로그램들은 여가지도사가 어떻게 활용하느냐에 따라 여가를 즐기는 노인의 참여도에 차이가 날 것이다. 노인여가 분야에서 오랫동안 현장경험을 한 전문가들이 이 책을 만들었기 때문에 현장에서 활동하는 노인여가지도사에게도 좋은 참고자료가 될 것이다.

이 책이 나오기까지 원고 정리와 수고를 아끼지 않은 서현사 편집부와 출간에 힘써주신 조재성 대표님께 감사드린다.

저자대표 빈대욱

목차

I 부
이론편

1장

노인

1. 노인의 정의

노인(老人)은 사전적 의미로 나이가 들어서 늙은 사람을 뜻한다. 그리고 '어르신', '늙은이' 또는 '나이 많은 사람'으로 불리며, 사회통념상 60~65세 이상을 말한다. 문자로는 '늙은이', '늙은 사람' 정도를 말하지만 단순히 늙었다는 이유만으로 노인이라고 하기에는 개인의 인지적·신체적 반응의 특성을 고려할 때 어디서부터 노인이라 해야 할지 모호하다(임우석 외, 2013).

우리나라에서는 전통적으로 만 60세를 '환갑'이라고 하여 노인으로 인식하여 왔으며, '고희'라고 70세의 노인을 후하게 대접하고 장수를 기원하였다. 정부에서는 명확하게 노인의 나이를 규정하고 있지는 않지만 노인복지법 제3장 제25조, 제26조 등에서 국가 또는 지방자치단체는 노인에 해당하는 자의 생계지원 경로우대 등의 나이를 65세 이상으로 규정하고 있다(박희숙 외, 2016).

1) 노인에 대한 일반적 개념

노인이란 일반적으로 생물학적으로 기능이 감퇴되고 심리학적으로 개인의 자기유지 기능이 약해진다. 또한 자기기능유지와 적응기능이 약화된다. 사회학적으로 보면 역할기능이 저하되어 정상인으로서의 기능과 역할에 문제를 안고 있는 사람이라고 정의한다(장인협·최성제, 2000; 권중돈, 2009).

노인의 개념은 연령을 기준으로 할 뿐만 아니라 신체적, 사회적, 정신적 특성의 다양한 측면에서 그 개념을 찾을 수 있으며, 최종적으로 신체적, 정신적 및 사회적 기능과 역할능력이 퇴화되고 감퇴되는 현상을 겪고 있는 사람을 노인이라고 개념 지을 수 있다(박희숙 외. 2016).

2) 국제노년학회의의 노인의 정의

- 환경 변화에 적절히 반응할 수 있는 조직기능이 쇠퇴하고 있는 사람
- 자신을 통합하려는 능력이 감퇴하고 있는 사람
- 인체의 기관, 조직, 기능 등에 감퇴 현상이 일어나고 있는 사람

- 삶 자체에서 적응이 정신적으로 결손되어 가는 사람
- 인체의 조직 및 기능의 소모로 적응력이 떨어지는 사람

3) 우리나라의 노인의 분류

우리나라 고령자 고용촉진법에서는 노인을 55세 이상, 국민연금법에는 60세 이상, 노인복지법과 국민기초생활 보장법은 65세 이상 인자로 구분 된다. 단 유료 노인 요양시설 및 유료 노인전문요양시설, 유료 노인복지주택은 60세 이상의 연령으로 구분하고 있다. 각 나라별로 노인의 연령을 다르게 적용하고 있지만 우리나라는 전통적으로 만 60세를 '환갑(環甲)이라고 하였고, 70세는 '고희(古稀)'라고 불리워 왔다.
노인복지법 제25조, 26조에서는 65세를 노인에 해당되는 자로 구분하고 있다.

2. 노인의 특성

대부분의 노인은 인체기능이 저하되고 외형적인 모습도 주름과 흰머리가 증가하며, 성인병의 만성질환 등 유병률도 증가한다. 그리고 노년기에는 신체적 원인, 사회적 활동에서 오는 원인, 노인에 대한 사회의 태도에서 오는 원인, 과거 경험에서 오는 원인 등으로 성격도 변한다.
일반적으로 노인의 특성은 자기중심성, 보수성, 유연성의 부족, 융통성의 결여, 옹고집, 적응력의 저하, 의존성, 욕구의 증대 등으로 정리한다(임춘식 외, 2007). 노인과 노화와 개념을 근거로 노인에게 나타나는 노인의 제반 문제와 특성들에 대해 살펴보면 다음과 같다(고수현, 2009; 권중돈, 2009; 박석곤 외, 2008; 박차상 외, 2009; 양옥남 외, 2007; 한국임상상회사업학회, 2006 재구성).

1) 노인의 신체적 특성

연령이 증가함으로서 노화가 시작되고 신체적 건강인 근력과 근지구력, 심 폐지구력, 평형성, 민첩성, 유연성 등과 같은 기능들이 저하됨으로 체력이 약화된다. 근량이 감소되고 체지방량이 증가로 인한 뼈 속의 골밀도 감소로 뼈 건강, 치아도 약해진다. 체중도 40~50대는 증가되다가 60세 이후 감소한다.

소화기능은 다른 기관에 비해 유지할 수 있는 편이나 유기체 내의 내분비선, 신경조직 같은 주요한 신체기관의 분비능력, 흡수능력, 대장기능, 폐기능 저하 등 기초대사량이 낮아지면서 혈액순환 저하로 호르몬 감소 같은 생리적 변화로 신체적·심리적 충격에 대한 대처능력도 떨어진다. 생리적 변화로 생기는 노화 스트레스로 백발의 증가, 머리카락의 감소, 주름살의 증가, 얼룩반점의 증가, 신장기능도 30대에 비해 2% 정도 감소한다(윤경자 외, 2001).

동맥경화증, 고혈압, 당뇨병, 심장병, 신장병 등의 만성질환의 발병률도 증가한다. 또한 폐활량의 감소, 신진대사율과 속도의 저하, 변비, 수면의 양과 질의 감소, 피로감, 불면증, 야뇨 등 생리기능에 어려움이 나타나기도 한다.

2) 노인의 심리적 변화의 특성

노화는 개인의 심리와 내적인 감각, 지각, 청각, 정신기능 저하 등 일반적인 특성이 보인다. 의존성 증가와 고독, 자녀와의 갈등, 우울, 과거 지향적, 수동성도 증가한다. 그리고 정보처리능력, 기억력, 학습능력, 사고 및 판단능력, 문제해결능력, 인지능력, 주의 집중력 등이 저하되어 통합능력이 점차 떨어진다.

3) 노인의 성격 변화의 특성

노인의 정서적 변화는 생리적 변화로 인한 사고, 사회적·물리적 환경에 의해 지배되는 역동적 체계에서 여러 형태의 성격의 변화가 나타난다.

· 우울증 증가: 신체적 질병, 배우자의 사망, 경제사정의 약화, 사회와 가족으로부터 고립, 일상생활 자기 통제 불능, 지나온 세월에 대한 회환 등으로 우울증이 증가한다.

· 수동성 증가: 사회활동 감소로 사물의 판단능력 부족, 내향성 증가로 수동적인 모습을 보이기 시작한다.

· 경직성 증가: 옛날 방식을 고집하는 경향과 조심성이 증가하고 동작성 지능 및 학습능력 저하를 초래하며 사고가 경직된다.

· 인생의 회고 과정 증가: 미래보다는 살아온 과거를 회상하며 자신의 성격을 재조직하거나 재통합하려는 경향이 나타난다.

· 성역할 지각의 변화 증가: 남자는 유친성과 양육동기가 증가하고, 여자는 공격성과 자기중심성을 보이며 권위적으로 변해간다.
· 애착심 증가: 주변 환경과 세월의 변화에 따른 마음의 안정을 찾고 일정한 방향을 유지하려고 오랫동안 사용해오던 사물에 대한 애착심이 강해진다.
· 유산을 남기려는 경향: 사후에 삶의 흔적을 남기고 싶은 욕망으로 유산을 남기려는 경향을 보인다.
· 의존성 증가: 신체적·경제적 능력의 쇠퇴로 연금이나 보조금, 용돈, 그리고 목욕, 청소, 세탁 등에 의존하며, 심리적으로는 자녀나 친족에게 의존하려는 경향이 증가한다.

3. 노인과 건강

1) 건강의 정의(세계보건기구, WHO)

건강이라는 영어단어 Health는 Heal과 동일한 기원을 가지고 있다. Heal의 어원은 Hal로서 '완전한 어떤 것'을 의미한다.
1948년 세계보건기구(WHO)에서 건강을 "건강이란 단지 질병이 없거나 허약하지 않다는 것을 말하는 것이 아니라 신체적·정신적으로 완전하고 안녕한 상태에 있는 것이다."라고 정의하였다. 여기서 말하는 사회적 안녕은 사회에서 각자 나름대로 역할을 충실히 수행하며 사회생활을 영위할 수 있는 상태를 말한다. 인생의 궁극적인 목적이 건강이 아니라 인생을 영위하는 수단으로서 건강의 존재가치를 강조하고 있는 것이다.

2) 관련 전문가의 정의

프랑스의 버나드(Bernard)는 "외부환경의 변동에 대하여 내부환경의 항상성이 유지된 상태"라고 하였으며, 미국의 사회학자인 파슨스(Parsons)는 사회적 역할을 강조하여 "각 개개인이 사회적인 역할과 임무를 효과적으로 수행할 수 있는 최적의 상태"라고 하였다.
뉴먼(Newman)은 "단순히 질병이 없다는 것만으로 건강이라 할 수 없고, 모든 자질,

기능, 능력이 신체적으로나 정신적으로 또는 도덕적인 면에서 최고로 발달하고 완전히 조화된 인간만이 진실로 건강한 자이다."라고 하였다.

윌슨(Wilson)은 "건강이란 행복하고 성공된 생활을 조성하는 인체의 상태로서 신체장애가 있다 하더라도 건강하다고 할 수 있는 경우가 있다.

반면 오늘날 의학기술로도 아무 이상이 없고 심리적으로도 문제가 없으며 사회적으로 훌륭히 일을 해낼 수 있다고 생각되는 사람도 각자가 만족을 느끼지 못하고 보람을 찾지 못한다면 주관적인 시각에서 건강하다고 할 수 없다."라고 하였다.

3) 현재 지향성과 노년기 건강

'현재'에 초점을 맞추는 것은 노년기 심리적 안녕을 유지하는 데 있어서 매우 중요한 요소이다. 이것은 과거 혹은 이전에 성취한 것들에 대한 가치를 부정한다는 의미가 아니다. 과거는 현재와 미래의 계획을 위한 기초로 사용된다. 삶은 계속되는 과정이다. 그러므로 균형을 유지하는 것이 좋다(김유숙 외, 2007).

나이가 들어간다는 것의 장점은 더 이상 직업전선에서 경쟁하지 않아도 된다는 점이다. 바쁘게 살아왔던 자신의 삶을 여유를 가지고 삶의 질을 향상시켜 즐겁고 행복지수를 높일 수 있는 태도를 가져야 한다. 어떠한 일을 수행하는 데 불안해하거나 실적기준을 평가받지 않아도 된다. 다시 말하면 노년기에는 일의 결과나 사람들의 평가로부터 만족을 얻기 위해 노력하지 않아도 된다는 것이다.

사람은 나이를 먹으면서 성취보다는 사람과의 관계가 더 중요하게 된다. 즉, 주변 사람들과의 관계를 통하여 높은 심리적 안녕을 즐길 수 있기 때문이다. 자신의 심리적 안녕을 위하여 내 주변에 누가 있는지 누구와 함께 하고 있는지를 바라보며 서로 공감해줄 수 있는 벗이 필요하다. 특히 나이를 먹을수록 더욱 그렇다. 그러므로 과거의 관계에만 집착하지 말고 현재에 내 주변에 있는 관계들을 만들어 나가고 유지시켜 나가야 한다.

4) 노년기 정신건강 문제의 원인

노년기 정신건강 문제의 가장 큰 원인은 '노화'이다. 노화란 성숙한 유기체의 모든 기능이 시간이 경과함에 따라 회복이 안 되게 소진해 가는 과정이다. 그로 인해 내외 환경으로부터의 스트레스에 대한 적응력이 떨어지고 죽음의 가능성이 더 높아진다. 그러나 노화는 단순히 신체변화만이 아니고, 행동에서의 변화와 주변 세계를 보는 데 있어서의 변화를 수반한다. 노화는 신체, 인지 및 심리사회적 측면에서 변화가 일어나는 일종의 평생과정인 것이다(김교현 외, 2010).

노년기 삶의 여러 국면의 변화들은 다양한 정신건강 문제들을 야기한다. 실제로 노인의 평균수명이 늘어나고 전체인구에 대한 노인인구의 비율이 증가하면서 노인의 정신건강 문제에 대한 관심도 늘어나고 있다(김혜련 외, 2001).

(1) 고독과 소외

노년기 정신건강 문제들 중 가장 흔한 것은 '고독과 소외의 문제'이다. 노년기에 접어들면서 과거에 수행해 온 여러 역할을 상실하고, 수십 년에 걸쳐 지속해 온 주위 사람들과의 의미 있는 관계를 하나둘씩 상실하는 데서 고독과 소외를 경험한다. 이처럼 서로의 깊은 마음을 주고받는 배우자나 친구가 사라짐으로써 고령노인의 사회적·심리적 고독은 상승작용을 일으킨다.

(2) 죽음

사람들은 보편적으로 죽음에 대한 근본적인 불안을 갖고 있다. 죽음은 모든 사람이 경험하는 피할 수 없는 단계이지만, 노인에게 가장 심각한 문제로 제기된다. 노년기에 이르면 죽음에 대해 더 많이 생각하고 죽어가는 과정이나 죽음에 대한 직접적인 경험을 할 수 있는 기회를 많은 갖는다. 따라서 '죽음을 어떻게 맞이할 것인가?' 하는 것은 노년기 심리에 있어서 매우 중요하며, 노인은 젊은 성인보다 삶과 죽음의 의미를 더 많이 생각할 수밖에 없다.

(3) 우울증

노인은 신체적 및 정신적 쇠퇴와 더불어 의존성이 증가함으로써 무기력, 자아통제, 자존감의 저하로 우울증을 일으키는 것이다. 신체적 증상의 호소로 우울을 표현하기도 하며 건강염려증이나 수면장애를 동반하기도 한다. 우울 증상은 노년기 스트레스적 사건이나 다양한 상실(배우자의 죽음, 건강악화, 퇴직)과 관련되며, 우울 증상이 있으면서 사회적 지지가 낮고 알코올 남용의 경력이 있는 경우 노년기 자살의 위험이 높아진다(대한노인정신의학회, 1998).

(4) 치매

치매는 기억력과 언어, 실행능력 등 전반적인 인지기능의 장애를 일으키고 나아가 정서변화 및 행동문제, 그리고 인격변화 등을 초래하는 질환이다. 치매의 유병률은 진단기준과 연구방법 등에 의해 다양하게 나타나는데, 대체로 65세 이상에서는 5~7% 정도이지만 연령의 증가에 따라 유병률도 증가하여 80세 이상에서는 30~40% 정도에 이른다. 또한 치매는 원인에 따라 다양한 종류로 나누어지는데, 그중 알츠하이머형 치매가 가장 흔한 치매로서 전체 치매의 약 50%를 차지한다(대한노인정신의학회, 1998).

치매와 노인 우울증은 환자에게 커다란 고통을 안겨줄 뿐 아니라 개인적·사회적·국가적 손실과 부담을 야기한다. 따라서 노인 우울증과 치매를 비롯한 노인성 정신장애에 대한 예방과 진단, 치료, 그리고 질환에 대한 깊이 있는 연구와 이해가 필요하다.

4. 노인문제

1) 노인문제의 개념

노인문제는 노인이 처해 있는 사회경제적 조건에 따라 다양하게 나타나고 있으나 실제로 농촌과 저소득층 노인이 더 심각하다. 현대사회에서 의료기술의 발전과 평균수명 연장으로 노인인구의 수가 급속히 늘어나면서 다양한 문제들을 양산하는데, 특히 노인인구의 급격한 증가로 50년 이내에 경제적으로나 사회적으로 엄청난 충격을 줄 것으로 예상된다.

2000년에 65세 이상 노인인구 비율이 7%를 상회하면서 고령사회로 진입하였으며(동아일보, 2006), 2005년에는 9.1%로 증가함으로써 속도도 가속화되고 있다. 2000년에는 젊은층(15세~64세 미만) 10명의 노인 부양 부담률이 노인 1명이지만, 2030년에는 젊은층 3명이 노인 1명을 부양해야 한다고 한다(통계청, 2005). 이로 인한 부양인구의 감소와 함께 경제활동인구의 둔화는 사회경제적으로 많은 우려를 낳고 있다(김현숙, 2008).

2) 노인문제

노인문제는 노인만이 아니라 국가적 문제로 대두되고 있다. 이러한 상황에서 노년기의 질 높은 삶을 영위하기 위한 국가와 사회의 정책적 노력과 더불어 개인적인 노력도 뒤따라야 한다. 특히 평균수명의 연장, 퇴직, 자녀독립 등으로 노년기에는 사회적 역할이나 책임에서 벗어나서 자유롭게 활용할 수 있는 여가시간이 증가하게 된다(김현숙, 2008).

(1) 소득감소문제

노인은 경제활동의 중단으로 소득이 급격히 감소하여 경제적 빈곤문제에 부딪치게 된다. 그로 인해 연금이나 퇴직금, 저축 등에 의존하며, 여가활동이나 사회참여까지 제한되기 때문에 시간을 적절하게 활용할 수 없어 무료하게 브내는 경우가 대부분이다.

(2) 건강과 보호문제

노화는 자연적인 현상이며 심리적 생체적인 기능의 저하됨으로써 질병에 대한 면역력도 약화된다. 그러므로 노인은 만성적 질환으로 질병에 노출되기 쉽다. 2008년 7월부터 장기요양보험을 도입하여 만성질환에 시달리거나 치매 등으로 고통 받는 노인과 가족의 부담을 덜어주기 위한 사회적인 배려를 하고 있다. 우리나라 전체인구의 상병률은 40.4%으로 나타났는데 60세 이상 노인은 67.6%, 65세 이상은 69.3%로 매우 높게 나타났다.

치매노인의 급증하고 있는 데 비해 노인에 대한 간병과 보호 인력은 매우 부족한 상태이다. 이유는 가족의 핵가족화와 소규모화, 미흡한 노인복지정책으로 노인문제가 방치되고 있기 때문이다.

(3) 역할상실과 여가활동문제

노인은 경제활동 중단으로 직업역할 상실을 경험하게 된다. 정년퇴직 연령은 점점 낮아지고 퇴직 후 노령기는 갈수록 연장되고 있다. 노인 자신의 중심 역할에서 가치관들이 직업 중심적으로 살아오다가 사회적 역할이 상실됨으로써 심리적인 어려움을 겪게 된다. 또한 생활상의 어려움까지 가중되면서 오는 심리적 불안을 해소하기 위해서는 노인들의 역할에 대한 대안적인 역할을 개발하여야 한다.

(4) 고립과 소외감

개인주의로 변한 사회문화적 분위기는 퇴직 후 노인들과의 사회적 관계가 단절되기 쉽다.

핵가족화로 노인들은 부부끼리 또는 배우자의 사망으로 혼자서 노후를 보내야 한다. 노인세대는 자녀세대와는 달리 교육이나 경험의 차이가 다르기 때문에 소통의 문제가 생기게 되고 자신이 설자리가 없음을 경험하면서 스스로 소외감을 느끼게 된다.

과거와는 달리 노인을 존경하는 문화가 아니기 때문에 노인은 심리적으로나 사회적으로 더 많은 소외감과 심한 단절감을 경험하기 쉽다.

(5) 노인의 성 문제

일반적으로 건강한 노인은 죽을 때까지 성생활을 유지하며 성행위 빈도는 연령의 증가에 따라 감소하는 것으로 알려져 있다(김주희 · 이창은, 1999).

브라운(Brown, 1989)은 스타와 와이너 (Star & Weiner, 1981)의 연구를 인용해 성생활을 계속하는 노인은 그렇지 않은 노인이 비해 노인성 질환의 유병률이 낮기 때문에 노인에게 소요되는 의료비용의 절약과 노후의 생활 만족도를 높일 수 있어 노후의 성생활이 중요하다고 주장하였다. 노인의 성문제는 재혼을 통해 해결할 수 있지만 부정적으로 보는 사회적 경향 탓에 쉽지 않다(이윤숙, 1983).

(6) 노인인권

① **인권의 의의:** 인간으로 태어나면서 기본적으로 권리를 가지고 있으며 보편적으로 누리고 살아야 한다. 우리나라 헌법 제10조에서는 “모든 국민은 인간으로서의 존엄과 가치를 가지며, 행복을 추구할 권리를 가진다. 국가는 개인이 가지는 불가침의 기본적 인권을 확인하고 보장할 의무를 진다.”라고 명시되어 있는 것처럼 우리는 누구나 행복

할 기본 권리가 있다. 세계 인권선언에서는 "모든 사람은 태어날 때부터 자유로운 존재로서 태어났고, 한 사람 한 사람의 존엄과 권리는 똑같다. 사람은 이성과 양심을 가지고 있으므로 서로 상대방을 형제애의 정신으로 대해야 할 것이다."라고 밝히고 있다. 이렇게 우리는 누구나 소중한 존재로서 서로가 존중과 배려를 가지고 있어야 한다.

② **노인인권**: 앞서 설명한 것처럼 노인은 나이가 든 이전부터 한 인간임을 인정하고 세월의 흐름에 따라 노화가 진행되고, 산업사회 발전으로 핵가족화되면서 노인들의 생활보장이 어려워지고 빈곤, 질병, 역할상실 및 소외 고독으로 인한 고통 속에 살아가고 있다. 노인도 한 사람임을 인정하고 인간으로서 국민적 기본적 권리인 행복을 추구할 권리, 인간으로서 기본적 인권을 유지하기 위해서 의식주 소득브장, 보호와 의료적인 조치 등을 받을 권리가 있다. 노인의 인권은 차별받지 않고 침해당하지 않으며 누려야 할 보편적인 인간의 권리인 자유권, 생존권, 평등권, 참정권, 참여권 등을 받을 권리가 있다.

평균 수명 연장으로 노인인구가 급증하고 있는 현실 속에 노인인권의 중요성은 강조되어야 할 것이다.

(7) 노인학대

노인에 대하여 가족이나 또는 타인이 노인에게 신체적·경제적 등으로 고통이나 장해를 주는 행위 또는 노인에게 필요한 최소한의 보호조차 제공하지 않는 방임(자기방임 포함) 및 유기 등을 말한다.

① 노인학대 유형

가. 신체적 학대: 신체적 손상, 고통, 장애 등을 유발시키는 행위

- 예측할 수 있는 증세: 위축감, 두려움 및 불안증세가 심하게 보이고 묶인 흔적, 또는 상처, 부상 등이 보이고, 영양부족 증세, 질병과 관련 없는 탈수 증세 등이 나타난다.

나. 정서적 학대: 비난, 모욕, 위협, 협박 등 정서적 고통을 주는 행위

- 예측할 수 있는 행동: 무반응, 무표정, 우는 모습, 극단적인 행동 또는 히스테리 증상, 불안에 떨며 말하기를 두려워하는 행동을 한다.

다. 성적 학대: 성적 수치심을 유발하는 행위 및 성폭력, 강제적 성적 행위 등의 행위.

-예측할 수 있는 행동: 신체의 주요 분분을 노출시키는 행동, 걸을 때 앉을 때 어려워하는 행동, 성병에 걸렸거나 속옷이 벗겨져 있는 상태 등으로 나타날 수 있다.

라. 경제적 학대: 노인의 의사에 반하여 재산 또는 권리를 빼앗은 행위

-예측할 수 있는 행동: 자신의 돈을 마음대로 사용하지 못하거나 노인이 빌려준 돈 또는 물건을 받지 못하는 것, 귀중품이 없어지거나 은행계좌의 부적합 거래가 있는 것 등이다.

마. 방임: 노인의 의식주 및 의료를 적절하게 제공하지 않는 행위(노인 스스로 최소한의 자기보호를 포기하는 자기방임을 포함)

-예측할 수 있는 행동: 대소변 냄새, 땀띠, 욕창 등이 방치되는 것, 의복 및 이불 등의 빨래가 제대로 되어 있지 않는 주거 환경이나 노인 스스로 의식주를 거부하거나 자살을 시도하는 것 등이다.

바. 유기: 보호자 또는 부양의 의무자가 노인을 버리는 행위

-예측할 수 있는 행동: 노인을 낯선 장소에 버리거나 노인을 시설, 병원 등에 입소시킨 후에 연락을 두절하거나 왕래를 하지 않는다.

② 노인학대의 실태와 처벌

2018년 9월 24일 국회 보건복지위원회 소속 김광수(민주평화당) 의원이 보건복지부로부터 제출받은 '연도별 노인학대 건수 및 피학대자와의 관계' 자료를 보면 최근 3년간 노인학대 발생건수는 총 1만3962건이었으며, 그중 친족에 의한 학대가 1만373건으로 전체의 74%를 차지했다. 연도별로 2015년 3,818건, 2016년 4280건, 2017년 4622건으로 최근 3년간 20%가 넘게 증가하는 것으로 나타났다. 노인학대 가해자는 아들 37%, 배우자 20%, 딸 10%를 차지해 10명 중 7명이 직계가족인 것으로 나타났다.

김광수 의원은 "노인학대는 가족 간 씻을 수 없는 상처를 남기고 가정파탄에 이르게 해 결국 국가 전체에 영향을 미치는 중대한 문제"라며 "더 이상 가족의 문제로만 볼 것이 아니라 사회적 문제로 보는 인식전환과 당국의 대책마련이 시급하다"고 강조했다(헤럴드경제, 2018).

가. 지역사회의 노인학대 실태조사

한림대학 사회복지대학원에서 노인이 학대에 대하여 신고하지 않는 이유를 조사해본 결과 가족이기 때문에 58.3%, 창피해서 15.8%, 자식과 연을 끊을 수 없어서가 14.8%, 처벌을 원치 않아서 11.1%로 나타났다. 그리고 학대받은 노인의 대응행동은 84.3%가 참는 것으로 나타났다.

나. 노인학대 신고방법 및 처벌규정

노인학대가 의심된다면 반드시 112로 신고해야 한다. 그리고 노인보호전문기관(1577-1389), 보건복지부 보건복지상담센터 희망의 전화 129로 신고를 하여야 한다. 노인학대 신고의무자로서 노인학대를 신고하지 아니한 자는 300만 원 이하 과태료, 노인복지법상 노인학대 처벌기준법, 가정폭력 범죄의 처벌 등에 관한 특례법, 형법 적용이 가능하다.

2장

행복한
노후생활

1. 노후설계

사람은 누구나 태어나서 성인기를 지나 노년기를 맞게 된다. 아동기에는 성장하고, 청소년기에는 공부를 하며 미래를 준비하고, 성인기에는 사회생활을 하며 생산 활동에 매진하다. 노년기에는 생산 활동에서 은퇴를 하고 그동안 준비해온 자원을 가지고 인생을 누린다.

노년기는 은퇴로 인해 인생에 많은 변화가 생긴다.

첫째, 경제생활을 그만두기 때문에 수입의 감소로 인한 경제적인 어려움이 생긴다.

둘째, 노화현상으로 인해 신체기능이 둔화되고 건강이 나빠진다.

셋째, 가족관계나 친구관계의 변화로 인한 소외감을 겪게 된다.

넷째, 세상의 변화에 따라가지 못하다 보니 역할을 상실하고 일이 없는 상태가 된다.

이러한 노년기에 겪는 네 가지 어려움을 '노인 4고(苦)'라고 한다.

노후준비(preparation foraging)는 노후에 찾아오는 '노인 4고'를 대비하는 것으로, 경제적 빈곤, 건강 약화, 소외, 무위에 대비하여 준비하는 것을 말한다.

1) 은퇴

은퇴는 시대적 흐름이나 노동시장의 구조 등에 따라 변화하고 점차 다양해지므로 명확하게 정의하기란 어렵다. 은퇴에 대한 사전적 의미는 현직에서 물러나거나 사회활동에서 손을 떼고 한가히 지내는 것을 말한다. 다른 정의를 살펴보면 첫째, 주요한 경력의 직업으로부터 분리되는 것을 말한다. 둘째, 일부 근로자들이 새로운 직업으로 전환하기도 해서 노동시장으로부터 분리를 의미한다. 셋째, 은퇴는 단순히 자기 관리적 차원을 넘어선 모든 경제적 활동의 종료를 의미한다.

사회가 고령화되면서 나타나는 주요 문제점 중 하나는 전체 인구 중 은퇴자의 비중이 증가한다는 것이다. 2000년 우리나라의 50세 이상 은퇴 인구는 720만 명으로 전체 인구의 15%에 달하며 도시에 69%, 농촌에 31%가 거주하고 있다. 은퇴 인구는 지속적으로 증가하여 2020년에는 전체 인구의 30%, 2050년에는 48%에 달할 것으로 전망되고 있다(이미자, 2018).

2) 자산관리

자산관리란 원래 금융회사가 소비자에게 위탁을 받아 자금을 운용하는 것을 말하지만, 노후를 위한 자산관리는 자신이 가지고 있는 물적 재산과 동산 등을 노후의 지출에 대비하기 위해서 관리하는 것을 말한다.

미래의 지출을 예측하고 연금 등 현재 가지고 있는 자산 상황을 정확히 이해해야 한다. 이러한 자산관리는 누가 해주는 것이 아니라 스스로 해야 한다.

은퇴 후에도 우리의 욕구를 충족하기 위한 소비는 이전과 크게 다르지 않다. 음식, 주거, 의복, 세금은 여전히 필요하고, 나이가 들수록 병원비가 많이 들기 때문에 오히려 젊었을 때와 비교하여 지출은 크게 감소하지 않을 수 있다.

현재를 살아가기에도 빠듯한 소득 때문에 여력이 없다고 말하는 사람들이 많다. 이런 사람들 중엔 은퇴, 노후준비 자금을 비상금 정도로 생각하는 사람들도 있다. 쓸 만큼 쓰고 남는 돈으로 은퇴, 노후준비를 할 수 있는 사람은 많지 않다.

은퇴, 노후준비 자금을 내 집 장만을 위한 자금처럼 뚜렷한 목적 자금으로 인식하고 지금 당장 할 수 있는 것부터 실행해야 한다(이미자, 2018).

3) 장기요양보험

고령이나 노인성 질병 등으로 일상생활을 혼자서 수행하기 어려운 이들에게 신체활동 및 일상생활 지원 등의 서비스를 제공하여 노후 생활의 안정과 그 가족의 부담을 덜어주기 위한 사회보험제도이다. 보건복지부의 요양보험제도를 잘 알아두는 것도 노후에 많은 도움이 된다(보건복지부, 2018).

(1) 신청대상

소득수준과 상관없이 노인장기요양보험 가입자(국민건강보험 가입자와 동일)와 그 피부양자

-의료급여 수급권자로서 65세 이상 노인과 65세 미만의 노인성 질병이 있는 사람이 신청 대상자이다.

(2) 급여대상

65세 이상 노인 또는 치매, 중풍, 파킨슨병 등 노인성 질병을 앓고 있는 65세 미만인 자 중 6개월 이상 일상생활을 수행하기 어려워 장기요양서비스가 필요하다고 인정되는 사람이 해당된다. 장기요양등급에는 1등급, 2등급, 3등급, 4등급, 5등급이 있다.

(3) 등급판정 기준

등급판정은 아래 표의 방식을 기준으로 한다.

등급구분	판정기준
장기요양 1등급	일상생활에서 전적으로 다른 사람의 도움이 필요한 자로서 장기요양인정 점수가 95점 이상인 자
장기요양 2등급	일상생활에서 상당 부분 다른 사람의 도움이 필요한 자로서 장기요양인정 점수가 75점 이상 95점 미만인 자
장기요양 3등급	일상생활에서 부분적으로 다른 사람의 도움이 필요한 자로서 장기요양인정 점수가 60점 이상 75점 미만인 자
장기요양 4등급	일상생활에서 일정 부분 다른 사람의 도움이 필요한 자로서 장기요양인정 점수가 51점 이상 60점 미만인 자
장기요양 5등급	치매환자로서 장기요양인정 점수가 45점 이상 51점 미만인 자

(4) 장기요양인정 및 서비스 이용절차

아래의 순서처럼 장기요양인정을 신청하면 방문조사 후 등급판정을 받고 장기요양기관의 서비스를 받으므로 본인과 가족에게 도움이 될 수 있다.

① (공단 각 지사별 장기요양센터) 신청 →
② (공단 직원) 방문조사 →
③ (등급판정위원회) 장기요양 인정 및 등급판정 →
④ (장기요양센터) 장기요양인정서 및 표준장기요양이용계획서 통보 →
⑤ (장기요양기관) 서비스 이용

2. 웰빙

웰빙(Well-Being)은 육체적 · 정신적 건강의 조화를 통해 행복하고 아름다운 삶을 추구하는 삶의 유형이나 문화를 통틀어 일컫는 개념이다.

고도의 산업화는 인간에게 물질적 풍요를 가져다준 반면, 정신적 여유와 안정을 앗아간 면도 적지 않다. 현대 산업사회는 구조적으로 사람들에게 물질적 부(富)를 강요하는 시스템을 가지고 있어 사람들 대부분은 부를 축적하는 데 시간을 소비한다. 따라서 물질적 부에 비해 정신적 건강은 가볍게 여기는 경향이 있고, 심한 경우에는 정신적 공황으로 발전하기까지 한다.

웰빙은 이러한 현대 산업사회의 병폐를 인식하고, 육체적 · 정신적 건강의 유기적 조화를 통해 행복하고 아름다운 삶을 영위하려는 사람들이 늘어나면서 나타난 새로운 삶의 문화 또는 그러한 양식을 말한다. 이러한 움직임이나 삶의 문화가 포괄적 의미로서 웰빙이라는 이름을 얻은 것은 2000년 이후이고, '복지 · 행복 · 안녕'을 뜻하는 말이다(두산백과).

웰빙을 하기 위해서는 스트레스 대처능력과 극복하려는 자신의 노력이 필요하다. 스트레스 통제능력과 자신에 삶에 대한 의미부여와 긍정적인 삶의 태도와 밀접하게 관계되어 있다. 웰빙 스트레스 관리는 신체적 · 정서적 · 인지적 측면으로 나누어 생각할 수 있다.

1) 신체적 안녕 유지

영양가 있는 식사, 충분한 휴식, 규칙적인 운동을 하여야 한다. 스트레스를 유발하는 음식, 커피, 차, 음료, 담배 등을 가급적 피하는 것이 좋다. 운동은 개인별 건강수준에 따라 저강도 · 중강도 · 고강도 운동으로 나누어서 하는 것을 권장한다. 산책, 조깅, 테니스, 자전거 타기, 태극권, 택견, 국민체조 등 유산소 운동은 몸의 피로나 혈액순환에 도움을 줌으로 건강을 유지하는 데 도움을 준다. 그리고 긴장이완을 위하여 명상, 호흡법 이완음악 듣기, 생활요가 등 꾸준한 노력으로 몸에 긴장을 완화한다.

2) 정서적 안녕 유지

스트레스 상황에서 자신이 느끼는 분노, 우울, 두려움, 긴장, 불안, 초조 같은 감정 가운데 어떤 것이 있는지 알아보고 상담을 통하여 웃기, 울기, 화내기 등을 표현하여 내면의 감정의 고통으로부터 벗어나도록 한다.

정서적 거리유지를 위해서는 상대방의 지나친 감정이나 정서적 개입을 하지 않고 초연한 태도를 가짐으로써 일상생활에 골칫거리로부터 초연한 마음가짐을 갖도록 노력한다. 또한 자신을 지지하고 자신의 마음이 평안한 모임, 조직, 종교활동 등에 참여함으로써 정서적 지지를 받는다. 중요한 것은 자신의 생각을 바꾸는 노력이다. 미래에 대한 불안을 갖기보다는 긍정적인 사고와 낙천적으로 생각하여 행복한 미래를 꿈꾸는 것이 중요하다.

3) 인지적 안녕 유지

현실적인 기대감과 자기관리를 잘하는 것이 중요하며 삶에 긍정적 자세를 갖도록 한다. 긍정심리학에서 설명하는 요인들을 적극적으로 자신의 삶의 자세로 받아들여 일상생활에 적용하도록 한다. 긍정적인 사고는 생활의 만족감과 삶의 질을 높여 웰빙을 가능하게 한다(채정호; 스트레스와 정신질환, 2007: 2007, 간호사 보수교육대한간호사협회).

4) 노인의 응급상황예방

노인에게는 언제든지 응급한 상황이 발생할 수 있기 때문에 늘 대비해야 한다. 아래의 예방수칙을 익히도록 한다.

① 가까이 사는 친척이나 병원 응급실 전화번호, 112, 119 등 필요한 전화번호는 전화기 옆에 크게 써놓는다.
② 매일 시간을 정해놓고 멀리 사는 친지들에게 전화로 안부를 확인한다.
③ 주위 사람들과 교류를 하면서 자신의 거취를 많이 알린다.
④ 고령의 부부만 살 경우에 범죄 예방에도 각별히 신경을 써야 한다.

3. 웰다잉

웰다잉(Well-Dying)은 말 그대로 '잘 죽는 것'을 뜻한다. 죽음은 인간이라면 누구나 피할 수 없는 현실이며 생애발달의 한 과정이다. 누구에게나 동일한 현상이지만 죽어갈 때의 모습은 서로 크게 다르다. 또한 죽음이 언제가 될지는 아무도 알 수 없지만, 죽음을 맞이하는 태도는 자기 자신이 선택할 수 있다.

죽음에 대한 준비는 '잘 죽는 것'과 연관되어 있으며, 잘 죽을 수 있다는 것은 '얼마나 잘 살았는가' 또는 '얼마나 잘 준비하였는가'로 바꿔 말할 수 있다. 즉 죽음준비교육이란 죽음의 참된 의미를 가르치고 죽음에 대한 바른 태도를 갖게 함으로써 삶을 더욱 건전하게 살아가도록 돕는 교육을 의미한다. 이처럼 웰다잉 교육은 노년기 삶을 재정립할 수 있는 기회가 되기도 하고, 노인들이 삶을 더욱 건전하게 살아갈 수 있도록 돕는 교육이기 때문에 그 필요성이 증가하고 있다.

우리나라에서 죽음준비교육이 시작된 것은 1973년부터이다. 그러나 대부분의 죽음준비교육이 노인 혹은 호스피스 대상자와 그 가족을 대상으로 한정되어 있었으며, 이마저도 종교단체와 대학 등에서 지식을 일방적으로 전달하는 식의 교육으로 이루어졌다. 그러다가 2010년부터는 전국의 사회복지관을 중심으로 죽음준비교육이 실시되었다(박종헌, 2018).

1) 웰다잉을 위한 마음가짐

-자신의 삶을 돌아보고 진정한 삶이 무엇인가 조용히 떠올려본다.
-자신이 떠난 다음 남은 가족에게 누가 안 되도록 주변을 잘 정리한다.
-자신의 삶을 돌아보고 마무리가 안 된 인간관계가 있다면 그 사람과 화해한다. 당사자를 만날 수 없다면 자신의 마음속에서라도 그 사람과 맺힌 마음을 풀고 털어낸다.
-종교가 있다면 신앙생활에 더 충실하게 임한다.
-유언장을 작성하고, 원하는 장례방법을 가족과 상의한다.
-죽음 이후의 삶이 있다는 믿음이 있다면 사후의 삶에 대해서도 적극적으로 준비한다.

-아직 남은 능력으로 이웃에게 베풀 수 있는 일이 있는지 생각해보고 실천에 옮긴다.

2) 웰다잉을 위해 준비할 일

2013년 3월 6일 방송된 SBS, CNBC의 <집중분석 takE>는 웰다잉 10개명을 소개하였다. 웰다잉을 위해 준비할 일을 살펴보면 다음과 같다.

① **건강 체크하기:** 우선 자신의 건강을 정기적으로 점검하여 불치병이나 만성질환이 있는지를 정확히 진단한다.

② **사전의료 의향서 작성하기:** 자신이 회복 불가능한 건강상태에 놓여 있거나 생명이 걸린 중대한 수술을 눈앞에 두고 있다면 사전의료 의향서를 작성한다.

③ **자성의 시간 갖기:** 지금까지 살아온 일에 대해서 자성의 시간을 갖고 정서적 안정을 취하도록 한다.

④ **유언장작성 및 자서전 쓰기:** 사후에 자녀들 간의 재산 분쟁을 막기 위해서 유언장을 작성한다. 그리고 은퇴 후에 자신의 자서전을 써보는 것은 좋은 방법이다. 자서전 쓰기는 지난날 상처를 치유하고 행복했던 순간을 형식 없이 기록한다.

⑤ **자원봉사하기:** 이웃을 도울 수 있는 여력이 있다면 자원봉사를 한다. 자원봉사는 자신에 대한 보상이 될 수 있다.

⑥ **버킷리스트 작성 및 실천:** 자신의 남은 인생을 효율적으로 보내기 위해서 하고 싶은 일을 목록으로 작성하여 실천한다.

⑦ **추억의 물품보관하기:** 자신을 행복하게 했던 물품, 소중한 사람과의 추억(부모, 친구, 스승, 자녀 등)이 담긴 물품을 보관하여 정서적·심리적 안정이 필요할 때 한 번씩 꺼내보며 삶의 만족도를 높인다.

⑧ **마음의 빚 청산하기:** 돈이나 빌린 물건 등 물질적인 빚뿐 아니라 평소에 갚지 못했던 마음의 빚도 사과와 함께 갚도록 한다. 평소 자신에게 도움을 주었던 분들 고마웠던 분들을 찾아 식사나 대화를 통하여 마음속 빚을 청산한다.

⑨ **고독사 예방:** 위급 상황에 가장 빨리 도움을 청할 수 있는 가족이나 친구에게 미리 상태를 알려주고, 사망 시 연락처를 남겨둔다.

⑩ **장례 계획:** 미리 장례 방법과 절차를 정해서 유서에 기록해둔다.

3) 사전연명의료의향서

사전연명의료의향서란 선진국에서는 Advanced Medical Directives라 하여 일반화된 용어지만 우리나라에선 아직은 낯선 용어다. 보건복지부 국가생명윤리정책에 따르면 19세 이상의 사람이 향후 임종과정에 직면하게 되었을 때를 대비하여 연명의료와 호스피스 이용에 관한 의향을 직접 문서로 밝혀두는 것이다.

과거에는 집에서 가족이 모인 가운데 임종을 맞이하였다. 그러나 최근에는 죽음을 병원에서 맞이하는 게 일반화되었다. 병원에서 죽음을 맞이한다는 것은 단순히 집에서 병원으로 위치만을 바꾸는 것이 아니라 죽음의 모든 과정에 의료진이 개입한다는 것을 의미한다.

(1) 연명의료

현대 의학기술은 죽음에 임박한 생명을 힘들이지 않고 연장할 수 있을 정도로 발전하였다. 심폐소생술, 인공호흡기, 그리고 각종 약물을 사용하면 이미 사망한 사람의 호흡과 심장의 박동을 계속 유지할 수 있어 거의 사망에 이른 경우라도 호흡과 심장박동을 의학적 기술로 연장할 수 있다는 것이다. 이렇게 연장된 생명도 호흡을 하기 때문에 의학적으로나 법적으로 생명으로서의 지위를 유지하고 보호를 받는다.

의사는 환자를 진료할 때 사람의 생명은 그 무엇보다도 귀하기 때문에 자기가 가지고 있는 모든 기술을 동원하여 생명의 연장을 위해 최선의 노력을 다해야 한다. 그래서 더 이상 회복이 불가능한 질병 말기 환자의 생명도 계속 유지하려고 하는 것이다. 만약 생명 연장을 위한 기술이 있는데도 기술을 사용하지 않고 생명 연장에 소홀히 한다면 법적으로 살인죄가 성립될 수도 있으며, 의료윤리를 저버린 의사로 비판을 받을 수도 있다.

인공호흡기와 각종 약물의 투여로 호흡도 하고 심장도 박동하지만, 의식이 없고 다시 의식을 회복할 가능성도 전혀 없는 상태로 종종 장기간 놓이게 된다. 이러한 상황에서 계속 생명이 유지된다는 것은 사망자 본인도 인간으로서의 존엄성을 유지하기 힘들지만 가족의 정신적·경제적 부담은 대단히 커지게 된다. 인공호흡기를 제거하여 더 이상의 무의미한 생명의 유지를 중지하고 싶어도 가족이나 의사에게는 생명을 중지시킬 권한이 없다.

앞으로 죽음에 이르러 그러한 상황이 벌어질 때를 대비하여 정신이 명료한 지금 미리 자기의 의사를 적어놓고, 이를 가족에게도 알리고 후에 그러한 상황에서 치료하는 의사에게 알려, 무의미한 생명의 연장을 하지 않게 하자는 것이다. 자기의 의사를 미리 알리면 사망에 임박한 본인, 의사, 그리고 가족 모두에게 엄청난 정신적 · 경제적 부담을 줄여줄 수 있는 것이다. 누구나 죽음을 맞이할 때 가족과 사회에 부담을 주기 원하는 사람은 없을 것이다.

병원에서 사망할 가능성이 있는 사람은 사전연명의료의향서를 써야 하는 대상이 된다.

(2) 사전연명의료의향서 효력 상실

사전연명의료의향서는 본인이 직접 자발적인 의사에 따라 작성되지 않았을 경우 법적 효력이 없다. 그리고 법에 따라 작성 전 알아야 할 사항에 대한 설명이 제공되지 않거나 작성자의 확인을 받지 않은 경우, 사전연명의료의향서를 등록한 후에 다시 연명의료계획서를 작성한 경우에는 법적인 효력이 상실된다. 그러므로 본인의 적극적인 의사와 실천에 따른 주의할 부분은 미리 파악해두어야 한다.

(3) 사전연명의료의향서 변경 및 철회

작성자가 원하면, 언제든지 그 의향을 변경하거나 철회할 수 있다. 이를 위해서는 보건복지부 지정을 받은 등록기간을 방문하면 된다.

(4) 사전연명의료의향서 가족 열람

신분증 사본 및 가족관계 증명서를 첨부하여 국립연명의료기관에 요청할 수 있다. 단 환자가 가족의 열람을 허용하지 않은 경우에는 열람요청이 거부될 수 있다.

(5) 사전연명의료의향서 작성 및 활용

작성자 본인이 신분증(주민등록증, 운전면허증)을 지참 하고 주요 내용에 대한 충분한 설명을 듣고 이해한 후 작성해야 한다. 작성된 사전연명의향서는 국립연명의료기관에 등록되어야 법적 효력을 갖는다. 작성 15일 후 국립연명의료기관(www.LST.go.kr)을 통해 조회할 수 있다.

■ 호스피스·완화의료 및 임종과정에 있는 환자의 연명의료결정에 관한 법률 시행규칙

[별지 제6호서식]

사전연명의료의향서

※ 색상이 어두운 부분은 작성하지 않으며, [ ]에는 해당되는 곳에 √표시를 합니다.

<table>
<tr><td>등록번호</td><td colspan="3"></td><td>※ 등록번호는 등록기관에서 부여합니다.</td></tr>
<tr><td rowspan="3">작성자</td><td colspan="3">성 명</td><td>주민등록번호</td></tr>
<tr><td colspan="4">주 소</td></tr>
<tr><td colspan="4">전화번호</td></tr>
<tr><td rowspan="2">연명의료
중단등결정
(항목별로
선택합니다)</td><td colspan="3">[ ] 심폐소생술</td><td>[ ] 인공호흡기 착용</td></tr>
<tr><td colspan="3">[ ] 혈액투석</td><td>[ ] 항암제 투여</td></tr>
<tr><td>호스피스의 이용 계획</td><td colspan="3">[ ] 이용 의향이 있음</td><td>[ ] 이용 의향이 없음</td></tr>
<tr><td rowspan="2">사전연명의료
의향서 등록기관의
설명사항
확인</td><td>설명사항</td><td colspan="3">[ ] 연명의료의 시행방법 및 연명의료중단등결정에 대한 사항
[ ] 호스피스의 선택 및 이용에 관한 사항
[ ] 사전연명의료의향서의 효력 및 효력 상실에 관한 사항
[ ] 사전연명의료의향서의 작성·등록·보관 및 통보에 관한 사항
[ ] 사전연명의료의향서의 변경·철회 및 그에 따른 조치에 관한 사항
[ ] 등록기관의 폐업·휴업 및 지정 취소에 따른 기록의 이관에 관한 사항</td></tr>
<tr><td>확인</td><td colspan="3">년 월 일 성명 (서명 또는 인)</td></tr>
<tr><td>환자 사망 전
열람허용 여부</td><td colspan="2">[ ] 열람 가능</td><td>[ ] 열람 거부</td><td>[ ] 그 밖의 의견</td></tr>
<tr><td>사전연명의료
의향서 보관방법</td><td colspan="4"></td></tr>
<tr><td rowspan="2">사전연명의료
의향서 등록기관
및 상담자</td><td colspan="3">기관 명칭</td><td>소재지</td></tr>
<tr><td colspan="3">상담자 성명</td><td>전화번호</td></tr>
</table>

본인은 「호스피스·완화의료 및 임종과정에 있는 환자의 연명의료결정에 관한 법률」 제12조 및 같은 법 시행규칙 제8조에 따라 위와 같은 내용을 직접 작성하였습니다.

작성일 년 월 일

작성자 (서명 또는 인)

등록일 년 월 일

등록자 (서명 또는 인)

4) 유언장 작성

유언장을 작성하려면 몇 가지를 기본적으로 준비해야 한다. 아래에 나와 있는 항목은 유언장을 작성하기 전 가장 먼저 준비해야 할 사항이다. 기존에 작성한 유언장을 수정할 때도 아래 사항을 최신 정보로 확인한 뒤 작성하도록 한다.

(1) 자산목록을 작성

유산 수령인에게 물려주고 싶은 자산목록을 작성한다. 은행 계좌부터 주식, 채권, 연금, 보험금, 부동산 등 각종 재산이 자산목록에 포함된다. 모든 금전적 가치를 가진 자산을 목록으로 작성한다.

(2) 계획을 마련

유산 수령인은 누구인가? 이 수령인에게 얼마를 줄 것인가? 내 유산을 받는 가족과 친지 외에도 특별히 유산을 주고 싶은 사람이 있는가? 이 세 가지 질문은 유언장에 기본적으로 들어가는 항목이다. 또한 자산을 유산 수령인들에게 각각 어떻게 배분할 것인가? 이 과정에서 유의해야 할 사항은 민법에서는 유류분 제도가 있어 유언자가 자신이 원하는 대로만 유산을 물려줄 수 없다는 점이다. 유산 분배를 정하기에 앞서 유류분을 확인하고 이에 따라 유산 수령인들에게 줄 유산 비중을 정한 뒤, 유산을 물려주고 싶은 사람에게 추가로 유산을 물려주도록 한다. 더불어 유산을 줄 때는 항상 세금을 내야 하므로 자산의 특성 및 분배계획에 따라 세금을 얼마나 내야 하는지 확인하도록 한다.

(3) 추가 계획 작성

위에서 작성한 자산목록 이외에 가치가 있는 물건이 또 있을까? 혹은 유산 수령인이 수령을 거부할 경우에는 누구에게 넘겨줘야 할까? 앞서 작성한 계획이 예기치 않게 변경될 경우에는 유언 위탁자가 어떻게 대처해야 할지 미리 작성해둔다. 이 밖에도 재산을 기부하고 싶다면, 이에 대해서도 자세하게 적는다.

(4) 위탁을 고려

위탁은 자신의 유언과 다르게 다른 사람이 이익을 보게 될 경우를 방지한다. 어린 자녀를 두고 있거나 유산 수령인이 이해관계로 복잡하게 얽혀 있는 경우 위탁자를 지정해 유언이 유언자의 뜻과 동일하게 집행될 수 있도록 조치한다.

(5) 유언집행자를 선정

유언집행자는 유언자의 재산을 전반적으로 관리한다. 유언집행자는 유언자의 장례식 비용부터 상속세, 채무 등을 관리하므로 신용이 좋고 여러 상황을 고려해 최선의 선택을 할 수 있는 사람이어야 한다.

(6) 행동

앞에서 말한 다섯 가지를 준비했다면 이제 유언장을 작성할 일만 남았다. 유언장을 작성하는 방법은 온라인에 많이 나와 있다. 단, 유언 절차나 서류를 간과할 시 법적 효력이 없어질 수 있으니, 작성하기 전 주의사항을 꼼꼼히 살펴야 한다. 또한 변호사 도움을 받아 유언장을 작성하는 것도 좋은 방법이다.

유 언 서

유언자 ○○○은 이 유언서에서 본인 소유의 재산을 다음과 같이 나누어 줄 것을 유언한다.

1. 유언자 ○○○은 그 소유인 아래 부동산과 동산 등을 다음과 같이 나누어 분배한다.

① 유언자 ○○○의 장남 ○○○의 상속지분은 다음과 같다.
㉠ ▲▲시 ▲▲구 ▲▲로 ○○ 번지상의 대지 ○○ 평 건물 ○○ 평
㉡ ▲▲도 ▲▲군 ▲▲면 ▲▲길 ○○ 번지 임야 및 답 ○○○ 평
㉢ ◇◇주식회사 주식 ○○○주

② 유언자 ○○○의 차남 ○○○의 상속지분은 다음과 같다.
㉠ ▲▲시 ▲▲구 ▲▲로 ○○ 번지상의 대지 ○○ 평 건물 ○○ 평
㉡ ◇◇주식회사 주식 ○○○주

③ 유언자 ○○○의 사촌 ○○○에 대한 증여지분은 다음과 같다.
㉠ ▲▲시 ▲▲구 ▲▲로 ○○ 번지상의 대지 ○○ 평 건물 ○○ 평
㉡ ◇◇주식회사 주식 ○○○주

④ 나머지 모든 재산은 ◇◇대학에 발전기금으로 기증한다.

2. 유언자는 ▲▲시 ▲▲구 ▲▲로 ○○ 번지 거주 변호사 ○○○를 유언집행자로 지정한다.

3. 이 유언서는 작성 후 ▲▲가정법원의 검인을 받아 유언집행자 변호사 ○○○이 보관한다.

상기 유언을 위하여 유언자 자신이 이 증서 전문을 쓰고 일자 및 성명을 자필로 쓰고 날인한다.

○○○○년 ○○월 ○○일
▲▲시 ▲▲구 ▲▲로
○○번지
유언자 ○○○

5) 버킷리스트

노후에 꼭하고 싶은 것을 정리하여 하나하나 실천합니다.

2○○○년 버킷리스트

작성일: 20 년 월 일

번호	목 표	달성 여부	달성 내용	성취일
1				
2				
3				
4				
5				
6				
7				
8				
9				
10				
11				
12				
13				
14				
15				

6) 장기기증

장기기증은 다른 사람에게 장기기능 회복을 위해 사후 자신의 특정한 장기를 대가 없이 제공하는 것이다. 우리나라에서는 아직 보편적이진 못하지만 선진국에서는 많은 기증자들이 사전에 장기기증 또는 인체조직기증을 등록하여 사후 필요한 분들에게 기증을 한다. 웰다잉이 품격 있는 삶의 마무리라는 측면에서 나는 이미 죽음을 맞았지만 나의 장기는 필요한 누군가에게 이식되어 새로운 삶을 살아갈 수 있는 것이다.

인체조직기증과 장기기증은 국가에서 관리하는 등록기관을 통하여 등록이 가능하다. 가까운 보건소를 통하면 다양한 정보를 접할 수 있다.

Ⅱ부
실제편

3장

노인과 여가활동

1. 노인생활에서 여가의 개념

노인에게 있어서 여가는 재생산의 수단 또는 심신의 피로회복 등을 목적으로 하는 젊은이들의 여가와는 근본적으로 그 개념이 다르다. 노인의 경우는 언제 어디서나 여가가 넘쳐나는 생활임으로 여가 자체가 즐거움이라 하기보다는 무려함이라는 문제를 제기하고 정신적 · 정서적 고통을 안겨주는 결과를 초래한다.

노인의 경우, 소극적으로는 여가를 적절히 보내지 못함으로써 제기되는 문제점을 어떻게 하면 감소시킬 수 있는가 하는 것에, 그리고 적극적으로는 여가를 즐겁고 보람되게 보냄으로써 인생을 의미 있게 마무리 짓는 것에 초점이 맞추어져야 한다.

2. 노인의 고독과 여가선용

노년기의 삶은 대체로 직장과 자녀 양육으로부터 벗어나 일상생활의 대부분을 개인적인 여가시간으로 보낸다. 우리나라에서는 퇴직 이후 재취업을 한다거나 혹은 공식적인 사회단체에 가입하여 활동을 할 수 있는 기회가 극히 제한되어 있을 뿐만 아니라, 사회구조적으로 노인을 공경의 대상으로는 인정하지만 책임을 감당하고 권리를 주장하는 사회적 주류세력의 하나로 인정하는 데에는 주저하고 있다. 따라서 직장에서 퇴직한 이후 노년기의 삶은 일반적으로 사회적 역할상실과 고독을 특징으로 한다. 전업주부의 경우도 남편의 퇴직과 함께 사회적으로 노년기로 들어간다고 볼 수 있으므로 사회적 역할상실에서는 마찬가지다.

의료기술의 발달과 건강한 삶에 대한 관심의 증가로 많은 노인들은 사회에서 은퇴한 후 평균 2~30년 이상의 오랜 동안 가정과 사회에서 의미 있는 역할을 갖지 못한 채 무료함과 방황, 그리고 정신적인 불안전 속에서 삶을 지탱하고 있다.

역할상실이 가져다주는 비인간성은 삶을 왜곡시키고, 본인뿐만 아니라 인간관계에 긴장과 갈등을 야기하는 등 인간을 고통스럽게 한다. 노년기 역할상실에 따른 고독과 무위(無爲)는 보편적으로 빈곤과 질병으로 야기된 노인의 고통을 가중시키므로 노년기의 복합위기(multiple jeopardy) 상황을 초래한다. 역할상실이 해소되지 않는 한 장수(長壽)가 축복이 될 수 없으며, 무병장수(無病長壽) 또한 별 자랑거리가 되지 못한다.

노인의 고독을 해소하기 위해서는 바람직한 여가선용 프로그램이 개발되어야 한다. 노인문화는 곧 여가문화라고 볼 수 있기 때문에 의미 있는 여가문화의 개발은 사회적으로 건전하고 유용한 노인문화를 창출하는 효과를 갖는다.

그동안 우리나라에서 여가는 획일화하고 표준화한 상품으로만 제시되어 소비되었을 뿐 여가를 주체적이고 자율적으로 향유하는 단계로는 발전하지 못했다. 즉, 대량생산된 여가상품의 소비행위만 있을 뿐 여가문화가 없다는 것이다(시서저널, 1993).

노인의 여가선용이란 단지 개인적으로 시간을 유용하게 보내는 것 이외에 권리 주체로서 노인에 대한 이해의 틀 속에서 그들에게 새로운 사회적 역할을 제시하는 것이 매우 중요하다. 인간자원의 보고로서 노인층의 잠재력을 사회적으로 이끌어내는 동시에 사회로부터 격리되고 한계화되고 있는 노인들을 사회적으로 통합시키고, 그들의 삶의 질을 고양시키는 것이 앞으로 고령화 사회의 새로운 도전이 될 것이다.

3. 역할 회복을 위한 노인교육

노년기 교육의 필요성은 노년기 역할부여와 많은 관련성을 지닌다. 일반적으로 노인은 이전에 명확한 사회적 지위를 가진 것과 달리 '역할 없는 역할(roleless role)'을 지니게 되는 경우가 많다(Burgess, 1950).

오늘날 노년기에는 역할과 관련한 규범들이 명확하게 규정되어 있지 않은 상태로, '역할의 모호성'을 심화시키는 경향이 있다. 보통 역할의 모호성은 인생의 매 단계에서 요구되는 새 역할들을 충분히 준비하지 못했을 때 일어나며, 특히 노년기는 사회화 과정에서 배제되어 왔다는 점에서 주시할 필요가 있다.

대부분의 노인들이 여가를 어떻게 보내느냐 하는 것은 바로 노인문화를 재는 척도며, 동시에 사회에서 노인의 위치가 어디이며 노인들이 어떠한 대우를 받고 있는가 하는 것을 말해준다. 노인의 여가가 부정적인 모습으로 보인다면 노인들이 주도하는 하위문화도 부정적으로 보일 것이다. 따라서 노인에 대한 인식도 부정적으로 형성됨으로써 그 결과 가정과 사회에서 노인에게 더 이상 의미 있는 역할을 갈기지 않는 것, 노인의 빈곤과 질병을 해결하는 데 소요되는 비용을 낭비라고 생각하는 사회적 분위기, 경로잔치나 한번 베풀어주면 경로사상이 배양되는 듯 착각하는 것, 노인에게 자아실현을 위해 교육의 기회를 주는 것은 소용없는 일이라고 생각하는 것 등의 현상들이 나타나는 것이다.
노인 하위문화가 부정적인 이미지를 탈피하여 바람직한 모습을 보일 때는 하위문화와의 교류가 활발해지며, 노인들의 사고방식과 행동양식이 모방의 대상이 되기도 할 것이다. 따라서 미래사회에서는 노인문화가 다시 사회의 중심문화가 될 수 있도록 하여야 한다.

4. 노인여가활동의 형태

1) 노인여가활동

노인의 여가활동은 건강증진, 사회적 접촉과 사귐의 기회 증진, 사기와 생활만족감 증진, 신체적 및 정신적 자신감 증진, 자기가치성과 자기유용성의 확대, 자립성 향상이 이루어지고, 특히 재미있고 즐거운 삶을 얻을 수 있도록 계획되어야 한다.
노인의 여가활동에 영향을 미치는 요인은 다양하지만 대체로 다음과 같다(서병숙, 1991).
① **경제적 요인**: 경제적 사정이 좋은 노인이 보다 다양하고 많은 여가활동을 즐길 수 있다.
② **건강상태**: 좋은 건강상태와 기동력은 노인에게 여가활동의 폭을 넓혀주고 참여도도 높일 수 있다.
③ **생활환경**: 가까이 친족이 있거나 이웃에 노인이 많거나 노인복지시설이 잘 갖추어져 있으면 노인의 여가활동은 증가하고 활동 범위의 폭도 넓어진다.
④ **생활목표**: 개인이 추구하는 목표가 다양하고 많을수록 그만큼 활동이 많아진다.
⑤ **여가 활동에 대한 사회화**: 여가활동의 능력을 향상시켜 노년기에도 중년기와 마찬가지로 다양한 여가활동을 유지할 수 있게 한다.

2) 노인 여가형태

노인의 여가형태는 개인의 연령, 건강상태, 경제적 수준 등 인구사회학적 특성과 과거의 생활습관 혹은 삶의 목표에 따라 다양하다. 그러나 일반적으로 노인의 여가형태는 다음과 같이 여섯 가지로 분류할 수 있다(서병숙, 1991).

① 한거형(閑居型),
② 자기완성형(自己完成型),
③ 가족충실형(家族充實型),
④ 사교오락형(社交娛樂型),
⑤ 사회참여형(社會參與型),
⑥ 폐쇄형(閉鎖型)

지금까지 노인의 여가형태를 알아보았지만, 노인은 한 형태에만 해당되는 경우는 드물다. 대부분 여러 형태를 조금씩 가지고 있기 때문에 주로 어떤 형태를 취하고 있다고 말해야 한다. 또한 일정기간의 생활 분위기나 의미 있는 타자의 죽음 같은 생활환경의 변화, 그리고 사회적으로 중요한 사건의 발생 등으로 노인의 여가형태는 다양하게 변할 수도 있다.

3) 노인여가 욕구의 변화

노인의 경제력과 교육수준의 향상에 따라 여가의 욕구도 변하고 있다. 최근 노년층으로 진입하는 노인들 중 연금이나 저축으로 노후생활의 경제적 여건을 어느 정도 마련한 사람들, 교육수준이 높아 퇴직 후에도 자신의 재능을 계속 활용하기를 원하는 사람들 사이에 여가를 보다 바람직하게 보내고자 하는 욕구가 새로이 등장하고 있다.
조성남, 이동원, 원영희(1998)가 중산층 노인의 사회활동을 조사한 바에 의하면, 가족이나 친구와 어울리는 것은 변함없이 높이 선호하면서 노인여가시설을 이용하는 것은 별로 원치 않고, 대신 사회단체활동 참여희망(학습 69%, 종교 68%, 사회봉사 81%)이 높게 나타났다. 선진국의 경우에서도 노인교육의 수준 향상이 그들의 사회활동 및 자원봉사활동의 참여비율 증대에 결정적 영향을 미친 것으로 나타나 있다.
이제 우리나라도 생활수준의 향상으로 노인층의 의식주 문제와 같은 생존적 욕구를 넘어서 보다 심리적이고 사회적인 욕구를 충족하려는 경향이 노인들에게 공통적으로 나타나고 있다. 따라서 앞으로 노인복지는 노년기에 최저한의 생계보장은 물론 점차 다양해지는 사회적 욕구를 만족시키려는 노력이 필요하다. 또한 '능력 있는 노인'들에게 주어지는 변화, 기회, 그리고 도전에 대한 의미와 함께 '생산적 노화(productive

aging)'에 대해서도 검토해야 할 것이다. 뿐만 아니라 이들에게 사회교육적 · 문화적인 기회를 부여하도록 하고, 그들이 적극적으로 참여할 수 있는 사회적인 여건을 마련하여 그 인력을 건전하게 활용시킬 수 있는 방안이 필요하다.

4) 집단 여가활동의 필요성

집단 여가활동의 형태는 다양하지만 크게 세 가지로 분류할 수 있다. 첫째는 오락 취미활동, 둘째는 학습활동, 셋째는 봉사활동이다. 때로는 세 가지 활동을 한 활동으로 포함하기도 한다. 오히려 그렇게 되는 것이 바람직하기도 하다. 예를 들면, 컴퓨터를 배우는 모임에서 친목을 위해 야유회를 가기도 하고, 컴퓨터와 관련된 봉사활동을 하는 것이다.

그러나 우리나라 노인의 집단 여가활동은 대체로 오락 및 취미활동에 치중되어 있다. 과거 사랑방으로부터 유래된 경로당 중심의 여가활동과 최근 확대되고 발전하는 노인종합복지관 중심의 여가활동에 큰 차이가 없다. 그 이유는 복지관을 찾는 노인이 학습이나 봉사활동보다는 오락 및 취미활동에 더 관심이 있기 때문이기도 하지만, 그곳에서 노인의 여가프로그램을 개발하는 담당자의 노인복지에 대한 인식과 비전에도 개선할 필요가 있기 때문이다.

'한 차원 높은 노인복지'란 학습하고 봉사하면서 의미 있는 사회적 역할을 수행하는데 있다는 것이다. 향후 예비노인들이 노년층의 주류를 이루는 시대가 오면 훨씬 더 가능해질 것을 기대하며 지속적인 프로그램 개발에 노력해야 할 것이다.

5) 우리나라의 노인여가 복지시설

노인여가 복지시설의 이용대상 및 이용절차 등에 관하여 필요한 사항은 보건복지부령으로 정한다. 노인복지법 제36조에 의거한 노인여가 복지시설은 다음과 같다.

(1) 노인복지관

노인의 교양, 취미생활 및 사회참여 활동 등에 대한 각종 정보와 서비스를 제공하고 건강의 증진, 질병예방과 소득보장, 재가복지, 그 밖에 노인의 복지증진에 필요한 서비스를 제공함을 목적으로 하는 시설이다.

(2) 경로당

지역 노인들이 자율적으로 친목도모, 취미활동, 공동작업장 운영 및 각종 정보교환과 기타 여가활동을 할 수 있도록 하는 장소를 제공함을 목적으로 하는 시설이다.

(3) 노인교실

노인들에 대하여 사회활동 참여욕구를 충족시키기 위하여 건전한 취미생활, 노인건강 유지, 소득보장, 기타 일상생활과 관련한 학습프로그램 제공을 목적으로 하는 시설이다.

(4) 노인휴양소

노인들에 대하여 심신의 휴양과 관련한 위생시설, 여가시설, 기타 편의시설을 단기간 제공함을 목적으로 하는 시설이다.

4장

노인여가지도사

1. 노인여가지도사 지도론

1) 여가의 어원과 개념

여가(leisure)의 어원은 그리스어 Schole(scole)와 라틴어 Licere에서 유래되었고, Schole는 학교를 뜻하는 영어단어 School과 Scholar의 기원이 되는 단어로 교육과 밀접한 관련이 있다. 이 말은 배움에 짓눌리는 것이 아니고 자유로운 사색의 공간이었다는 의미이다(베르나르마리스, 조홍식 역. 2008). Schole는 본래 자기 생활공간으로부터 자유나 해방, 조용함, 평화, 남는 시간, 자유시간, 배움과 교양, 학식을 뜻한다. 즉 의무가 없는 강제로부터 자유로운 상태를 말한다. 한가한 시간이 아니고 그 시간을 어떻게 할 것인가가 중요하다.

여가의 개념은 반드시 해야만 하는 직업적인 일이나 가사, 그리고 생존에 필요한 수면과 식사 등을 제외하고 남는 시간으로 하고 싶은 일을 마음대로 할 수 있는 시간이라고 할 수 있다(김근홍, 2011).

사람들은 여가활동에 본래 내재된 즐거움과 자유, 그리고 자발적 선택이 참여자들의 일상생활에 가장 중요한 기여를 한다고 주장한다(고태규, 2009).

2) 노인여가지도사의 개념

여가라는 개념에서 노인여가개념을 정의 내리기는 쉽지 않다. 가정이나 일에서 벗어나 자유로운 시간 속에 노인들이 여가를 즐겁고 유익하게 보낼 수 있도록 음악, 놀이, 율동, 체조, 언어, 노래, 미술 등을 접목한 활동을 통해 건강하고 행복한 삶을 살아갈 수 있도록 하는 역할을 하는 것이 노인여가지도사이다.

3) 노인여가지도사의 역할

노인여가지도사는 참가자들이 스스로 과제를 수행하도록 때론 앞에서, 때론 뒤에서, 때론 중간에서 활동을 도와줄 뿐 분위기를 너무 리드하거나 간섭과 참여는 하지 않는다. 그리고 집단이 어느 정도 성숙되었다고 판단될 때에는 스스로 결정하도록 지지해주도록 한다. 이러한 집단은 초기 과제수행 속도는 느리나, 시간이 갈수록 빠르게 진행된다. 진행과정이 합리적이어야 팀워크도 좋고, 결과에 있어서도 서로 인정하는 폭이 넓어지므로 그 결정에 부담 없이 따르게 하는 것이 좋다.

지도사의 가장 큰 역할은 가이던스, 즉 가이드 역할이다. 뿐만 아니라 지식전달과 동기유발을 통해 한 집단의 목표를 달성할 수 있드록 노력해야 한다. 추후 조정과 평가를 통해 활동을 되돌아보며 총괄평가를 내린다.

2. 지도사의 자질 및 구비 요건

1) 지도사의 자격

지도사는 기본적으로 인간 개인의 가치와 존엄성을 인정하려는 의식을 지니고 있어야 한다. 사람들의 흥미나 요구에 대한 이해와 함께 생활의 기쁨이나 사는 수단에 대한 이해 및 그것을 실현하려는 열정적인 태도가 필요하다. 또한 유머와 율동, 스피치, 봉사하려는 마음가짐과 창조적 표현을 통해 개인의 성장과 발달에도 관심을 기울여야 한다.

2) 지도사의 능력

① 다른 사람의 의견에 호의적인 태도를 보이고 예리한 통찰력과 민주적으로 사물을 보고 운영해 나가는 능력이 필요하다.

② 진행의 민주적인 방법 및 자치의 가치에 대한 확신과 열의와 함께 기분 좋은, 또 호의적인 성격뿐 아니라 조직력과 협응력도 지녀야 한다.

③ 심신의 건강과 지도력을 분산시키려는 노력이 필요하다.

④ 사람을 움직일 수 있는 힘, 인내심, 설득력, 책임감, 신뢰도 등이 요구된다.

⑤ 사생활이 건전해야 하고 인생관이 긍정적이며 미래상, 즉 이상을 가진 사람이어야 한다.

⑥ 판단력 있고 객관적인 사고와 결단력이 있으며 응용력이 높아야 한다. 더불어 인내심이 있고 낙관적일 필요가 있다.

3) 지도사의 사전 준비사항

① 참가자의 연령 및 장소에 대한 정보를 사전에 파악하여야 한다. 또 행사의 진행순서와 게임의 내용은 반드시 문서로 작성하여 혼란이 없도록 한다.
② 게임의 내용을 완전히 소화시켜 짧은 시간 내에 참가자를 이해시키는 것이 좋다.
③ 게임은 활동적이고 의욕적인 것, 대중적인 것을 선택하고 게임에 의미를 부여해 참가자의 지적 향상 및 레크리에이션의 특수성을 갖게 한다.
④ 지도사는 절대 피곤해하거나 화를 내선 안 된다. 항상 명랑한 분위기를 유지하도록 한다.

4) 전문성을 갖춘 지도사가 되려면

① 지도사는 행동적, 즉 활발해야 한다. 또 시작 시간과 끝나는 시간을 엄수해야 한다. 시간을 지키지 않으면 신뢰를 잃는다.
② 음악, 율동, 게임 등 모든 것에 만능이어야 하지만 동시에 겸손해야 한다.
③ 때로는 명령조로 이야기할 필요가 있고 때로는 침착하고 대담하게 이끌어나가야 할 수도 있다. 유연성 있게 행동하며 첫인상은 부드럽지만 강인한 모습을 보이는 것이 좋다. 자료는 아껴서 사용하는 것이 좋다.
④ 말보다 기분(분위기)을 전달하는 것이 중요하다.

5) 여가지도사의 스피치

(1) 지도사의 스피치

첫째, 말에 강약과 속도가 있어야 한다.
둘째, 말을 하는 도중 쉼(pause)이 필요하다.
셋째, 말에 감정이 깃들어 있어야 한다.
넷째, 목소리의 변화가 있어야 한다.

(2) 여가지도사의 말과 태도

① 모든 사람에게 골고루 기회를 제공한다. 모두의 의견을 잘 이해하고 모임의 성격과 목적에 따라 원만한 진행이 되도록 한다.

② 자연스러운 태도로 이야기하고 남의 이야기를 잘 듣고 의견을 존중한다. 적절한 존칭어를 사용하며 대화의 주제를 훌륭히 전개해야 한다. 시간을 보면서 시간에 맞춰서 알아듣기 쉽고 명확하게 바른 언어로 말한다.

③ 남에게 호감을 주는 언어와 태도를 취한다. 또 다른 사람의 흉내보다는 독창성을 지닌 언어를 활용한다. 품위가 없는 말은 삼간다.

④ 말을 잘한다는 것은 말이 많은 것과 다르다.

– 대체로 경험이 적을수록 말이 많다.

–행사에 어울리는 복장을 한다.

–배색, 장소와 내용, 포인트 등을 준비한다.

–처음부터 끝까지 '준비!' '시작!' 이라는 말을 잊지 않는다.

⑤ 사전 장소를 파악하여 실수를 하지 않도록 준비한다.

6) 유머 활용법

① "유머는 감춰지거나 억압된 스트레스와 원망을 일시적으로 해소시킴으로써 인간에게 쾌감을 주고 동시에 공포감을 완화시켜주며 또한 곤란한 일이나 대인접촉 따위를 부드럽게 연결시켜주는 요소이다."

② 악의나 비난, 야유, 가시가 돋친 풍자는 안 된다. 누구에게도 상처를 주지 않는 웃음거리여야 하며, 육체적 결함 따위를 대상으로 하면 안 된다.

③ 전화위복의 화제로 그 장소의 분위기를 일신시키는 데 힘쓰고, 유머는 사태에 맞춰 천변만화하는 이야기여야 한다.

④ 또한 너무 지저분한 느낌을 주는 것은 피한다.

3. 프로그램 작성 및 지도

1) 프로그램 작성의 원리

참가자의 요구와 흥미에 대한 지식이 필요하다. 민주주의적 과정의 위치에서 협조적인 프로그램을 계획하고 지역사회의 문화적 풍속에 따른 프로그램을 구성하도록 한다.

2) 프로그램 작성 시 유의점

대상의 연령, 성별, 인원수, 학력, 흥미를 고려하고 대상의 모임의 성격 및 목적을 파악한다. 한정된 시간에 알맞은 내용을 준비한다.

3) 지도 시 유의점

① 품위 있는 언어와 신중한 태도로 지도하고 자신감을 가지고 참가자 개인의 인격을 존중한다. 방관자가 없도록 하는 것이 중요하나 70~80%가 적극적이면 나머지는 크게 신경 쓰지 않아도 된다.

② 파트너 게임을 할 때는 서로 스킨십을 하게 한다. 지도사는 말을 보통 크기의 목소리로 쉽게 말하며 부드러운 구호를 활용한다.

③ 정해진 시간을 엄수하도록 한다.

④ 프로그램을 시작하면서 먼저 웃음을 유발한다.

⑤ 시작 후에는 집단심리를 살펴가며 순발력 있게 진행한다. 벌칙의 게임화를 잘 이용하고 순서마다 클라이맥스를 잘 포착하여 어디서 끝나는 것이 효과적인지를 판단한다.

4) 여가지도사 체크리스트

지도사는 현장에서 발생할 수 있는 다양한 상황에 능동적으로 대처하기 위해 기본적으로 아래의 항목들은 필히 숙지하고 있어야 한다.

-이론 설명(어원, 유래, 정의, 교육적 · 치료적 기능, 활동 분야)

-각 연령발달기의 이해(유아, 아동, 청소년, 장년, 노인)
-공연장, 캠핑장, 관련기관, 유관기관 및 담당직원 정보
-기획(프로그램, 예산, 조직, 자원, 동원)
-각 게임 10가지 이상 숙지(분위기 조성, 쌍쌍, 팀 대항, 박수, 퀴즈, 매직게임 등)
-인간관계 훈련(정적, 동적, 야외-실내 10가지)
-스트레칭(10가지)
-계절, 대상 장소에 따라 각 10곡
-악기연주(기타, 피아노, 오르간 중 1가지)
-음악이론
-율동, 포크댄스(각 5종)
-인공호흡, 응급처치, 수영
-자가운전
-컴퓨터 편집

5장

음악활용놀이

인간은 어려서부터 늘 콧노래처럼 노래를 부르며 또는 유행하는 노래들을 들으며 살아왔다. 어머니가 불러주던 자장가와 토닥토닥 등을 두드려주던 부모님의 애정표현으로 심신의 안정을 찾고 아이는 잠이 든다. 어머니의 노래와 함께 등을 어루만져주는 평안함이 아이를 잠들게 한 것처럼 음악은 삶에 지친 때로는 기쁨, 즐거움, 슬픔 등을 표현하며 함께 성장해왔다.
음악은 인간이 살아가는 희로애락을 표현하는 언어적 소통이었다. 나이가 들어가면서 발달과정으로 노화가 되기는 하지만 노인들의 감정을 자유롭게 표현할 수 있는 방법 중 하나가 음악이다. 다른 사람들과 함께 어우러져 사회성과 자신의 존엄성을 갖게 함으로써 자긍심을 찾는 데 도움을 준다.

1. 노인여가와 음악활동

노인들은 위한 음악활동은 장소와 대상자를 구분하여 적용하는 것이 바람직하다. 건강한 노인과 반건강인들을 구분하여 음악활동을 적용할 수 있다. 양로원이나 주간보호센터 등 이런 곳은 같은 연령의 동료와 함께 사회적 관계를 유지하도록 도움을 준다. 고립된 생활 속에서 노인 스스로 자신의 고유성 상실과 함께 자긍심의 상실, 자신의 가치에 대한 상실이 일어나게 된다. 그로 인해 우울증으로 빠져들기도 하는데 그들을 위한 음악활동놀이는 자신의 재발견, 창조적인 정신활동, 그리고 자긍심의 회복에 중점을 두는 것이 바람직하다.
규칙적으로 약을 복용하는 등 외부의 환경적 통제를 받으며 사는 노인들은 자신이 아무것도 할 수 없다는 무력감을 느낄 수 있다. 노인에게 필요한 것은 환경에 의해 자신이 조정되는 상황에서 어떻게 자신의 존재성과 자긍심을 회복하여 자신의 역할을 찾을 것인가 하는 점이다.
음악치료는 환자의 기능에 기초하여 단계별로 적용시킬 수 있는 프로그램을 만들어야 하는데, 데이비스 등은 이러한 프로그램에 일반적으로 감각기관 훈련, 현실인식, 재동기 유발, 음악과 릴랙세이션, 오락과 취미생활로서 음악, 그리고 회고 등의 영역에 관여된다고 했다(최병철, 1999).

음악은 인체의 리듬과 가장 유사한 리듬으로 각성된 리듬을 이완시키는 효과적인 자극제로 사용될 수 있다. 음악을 통한 표현이 본질적으로 정서적 표현을 감안할 때 정서적 경험을 고유한다는 것은 의미 있는 일이며, 이러한 공유는 타인에 대한 관심을 높여주게 된다. 또한 음악의 미적 경험은 긴장을 해소시키고 파괴적 충동을 완하하며, 자아내부의 여러 갈등을 정화 시키고 조화롭게 하여 긍정적인 인간관계를 신장시킬 수 있다(박정미, 2011). 이렇게 음악은 긴장 이완과 정서적 안정, 감정변화에 좋은 영향을 미친다. 노인 프로그램을 할 때도 실제 기분이 우울해 있던 어르신들도 즐겁고 경쾌한 음악이 나오면 저절로 몸짓, 또는 콧노래로 흥얼흥얼 따라 부르기 시작을 한다.
열심히 따라한 노인들은 신나고 재미있었다는 말과 함께 감사표현을 많이 하신다.
노인여가지도사 양성을 하는 과정에서도 20명의 지도사들은 이론 강연을 들을 때와 음악과 함께 흥겨운 율동을 할 때의 표정들은 다르게 보이고 참여도도 적극적인 경향을 많이 보게 된다. 음악과 율동을 기획하고 발표하는 팀별 미션은 다른 미션에 비해 화합도 훨씬 잘 된다.

2. 노래부르기

노래부르기와 감상은 삶속에서 함께 존재하였고, 대중화된 음악을 활용한 음악경험이라고 할 수 있다. 사회문화의 시대를 관통하는 다양한 감정들을 담고 있다.
노인들이 자신에게 의미 있는 노래부르기를 통해 자신의 과거와 현재의 내적 갈등을 자연스럽게 드러내놓게 하여 심리적 갈등을 해소할 수 있게 한다. 그리고 현재 자신의 마음에 고통을 주는 핵심적인 감정을 파악하고 다스리도록 통찰의 경험을 하게 한다.
프로이트(Freud, 1910)는 우리가 무의식 중에 흥얼거리고 있는 멜로디가 의식적으로 감춰진 우리의 충동과 의도들을 표현하고 있다고 보았다. 융(Jung, 1907)은 이러한 견해에 동의하면서 우리에게 돌발적으로 떠오는 멜로디들은 개인의 억압된 사고를 보여주는 단면이라고 해석하였다. 따라서 우리의 무의식에 작용하는 노래는 치료자원으로서 매우 유용하게 활용될 수 있다.
음악은 우리의 삶속에서 다양한 기능을 수행하며, 노래는 우리의 무의식을 자극하여 치료대상자의 무의식 세계를 이해하는 데 도움을 줄 수 있다.

3. 표현예술, 글쓰기 및 악기 연주 중심의 활동

지도사는 노래 만들기의 방법으로 대상자의 인지수준, 반응 등을 고려한다.
-노래를 감상한 후에 자유롭게 연상되는 심상을 그림이나 동작으로 표현하기
-노래에서 가사의 빈 부분을 새로운 단어로 채워넣기
-가사를 개사하기
-작사하기
-좋아하는 노래와 연상되는 스토리텔링
-노래와 연상된 그림 그리기, 콜라주, 핑거페인팅 등의 미술활동과 함께하는 융합놀이
노래에 대한 반응을 나타내기
-노래에 맞는 안무 만들기
-조별로 선곡을 하여 자신이 연상하는 것들을 동작으로 표현하기
-노랫말 채우기(fill-in-the-Blank)
-노래 변주하기(song variation)
-랩 만들기, 작사하기
-멜로디 만들기,
-내레이션/기악을 통한 즉흥노래 만들기
-작곡하기
노래 만들기는 진행자가 미리 노래를 부분적으로 만들고 창작을 완성한다.

4. 노인여가지도사 음악활동의 적용

음악활동은 노인들에게 자유로운 환경 속에서 자신이 선택하고 다른 사람과 협동하면서 활동하는 경험을 하게 한다. 음악활동을 통해 감정을 자유롭게 표현하며 나아가 자신의 존재성과 자긍심을 회복하는 데 크게 기여한다.
음악과 활동을 묶어 노인건강증진을 위한 프로그램을 실제 활용할 수 있도록 5회로 나누어 정리했다. 현장에서 활동하는 노인여가지도사들이 다양한 활동을 배우고 익힘으로써 노인여가문화 선용에 한걸음 나아갈 것이다.

간단한 리듬으로 청각을 발달시키고 자존감을 형성하는 데 도움을 주겨 고정된 음악리듬에서 벗어나 다양한 사물과 사람들의 특징을 살려 관계형성과 사회성도 기르게 할 수 있는 프로그램이다. 그리고 음악퍼즐이나 누구나 알 수 있는 동요를 활용하여 노인들에게 자신감 있게 참여하도록 유도하는 한편 여러 방향의 리듬만들기, 뮤지컬, 노래와 손동작을 접목하여 신체활동까지 할 수 있는 프로그램으로 구성하였다.

1. 1차시 리듬놀이 1

주 차: 1차시 / 5차시

제 목: 리듬놀이

목 표: •주어진 리듬에 맞추어 말리듬을 할 수 있다.
•대상의 맛, 색깔, 느낌, 이미지 등을 연상하고 창작하고 몸으로 표현 할 수 있다.

내 용: 리듬은 모든 음악의 기본적 요소로 매우 중요하다. 리듬을 활용하여 음악에 접근하면 음악에 많은 지식이 없는 사람도 누구나 즐겁게 활동에 참여할 수 있다. 리듬창작으로 뇌운동의 활성화 및 창의력 증진, 신체를 활용한 다양한 연계활동으로 소근육과 대근육의 사용, 언어적 이미지 향상 및 암기력 향상에 도움을 준다.
1차시는 가사와 리듬의 결합으로 사물에서 오는 느낌 ,맛, 색깔, 감촉, 모양 등의 내용을 가사로 표현한다.

준비물: 교육진행 PPT, 활동지, 필기도구, 리듬막대

[도 입]

주 제: 마음열기

활동내용 1: 몸 풀기 게임

① 원을 그려 앉은 후 "내 이름은 ○○○" 라고 4박자 리듬에 맞추어 말을 하되 자유로운 동작을 첨가하여 자신의 이름을 표현한다.

② 한 명이 자신의 이름을 표현하면 다 함께 따라서 말하며 표현한 후 릴레이로 옆의 사람이 자신의 이름을 말한다.

유의점: •자신의 이름 특징이나 악센트, 내포하는 내용 등을 잘 탐색하여 몸동작과 함께 표현할 수 있도록 한다.

[활 용]

제 목: 리듬놀이

목 표: 딸기야 리듬 소개

① 주어진 리듬을 소개한다.

딸기야 / 빨간 딸기야 / 새콤 달콤 그 맛이/ 좋아 / 다 먹었다 / 헤이

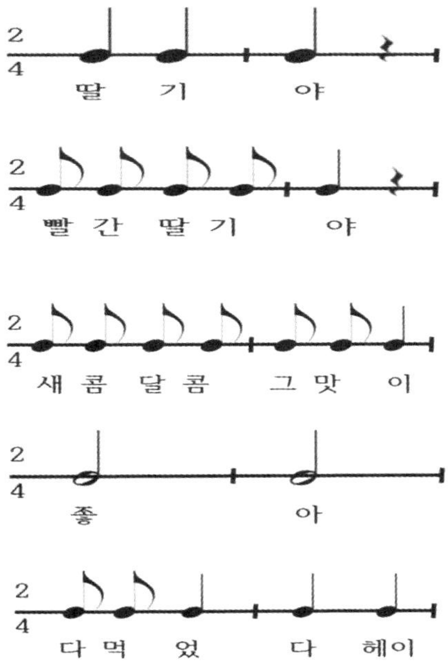

② 말리듬을 여러 번 따라하고 딸기의 특징에 관해 질문하고 답해본다.

- 악기로 연주하기

③ 리듬막대로 “딸기야” 리듬을 연주하여 정확한 리듬을 인지할 수 있도록 여러 번 반복한다.

- 응용하기

④ 말리듬/리듬막대/말리듬 순서대로 고정박에 맞추어 리듬을 연주할 수 있도록 한다.

유의점: • 말리듬을 암기할 수 있도록 여러 번 반복해야 한다.
• 리듬막대로 연주 시 정확한 리듬이 될 수 있도록 여러 번 반복한다.

활동내용 2: 새로운 가사로 개사하기

① 주어진 “딸기야” 리듬을 그대로 두고 모둠별로 대상을 정하여 대상의 특징을 담은 가사를 만들어본다.

② 어울리는 동작도 함께 창작하여 연습해본다.

③ 모둠별로 발표하고 피드백 한다.

유의점: •고정된 리듬의 형태를 벗어나지 않도록 하되 최대한 다양한 사물이나 사람 등의 특징이 잘 드러날 수 있도록 한다.

2. 2차시 리듬놀이 2

주 차: 2차시 / 5차시

제 목: 리듬놀이 2

목 표: •주어진 합창곡을 통해 돌림노래를 이해하고 부를 수 있다.
•리듬막대로 돌림노래의 리듬을 연주할 수 있다.

내 용: 1차시의 교육내용을 더욱 확대하여 돌림노래로 표현해 보는 활동이다.
이 활동은 고정된 리듬과 박자 안에서 모둠별로 진행하기 때문에 다른 모둠의 리듬이 귀에 들릴지라도 자신이 속한 모둠의 리듬을 끝까지 유지해야 하며, 동일한 리듬을 지켜 말리듬으로 연주해야 함으로 많은 집중력을 요하게 된다. 또한 리듬막대 연주만 활용하거나 말리듬만 활용하는 것이 아닌, 말리듬과 연주를 동시에 연결하여 지정된 순서에 맞추어 활동하게 됨으로 모둠별 화합을 이끌어 내고, 주의력과 관찰력이 향상되는 효과가 있다.

준비물: 교육진행 PPT, 활동지, 리듬막대

[도 입]

주 제: 마음열기

활동내용: “딸기야” 리듬 복습하기

① 지난주에 익힌 “딸기야” 리듬과 조별로 창작한 리듬을 복습해 본다.
(딸기야 리듬표 참조)

유의점: •고정박을 강조하고 참여자의 수준을 고려한 적당한 박자를 잘 선택하여 진행한다.

[활 용]

주 제: 리듬놀이

활동내용 1: 돌림노래 익히기

② '다 같이 돌자 동네 한 바퀴' 노래를 배워 익혀보고 합창으로 불러본다.

동네 한 바퀴

윤석중 작사 프랑스 동요

③ 익숙해지면 돌림노래로 합창해 본다.

- 리듬막대만을 사용하여 박자에 유의하여 연주해 본다.

•돌림노래의 활용

④ 합창/리듬막대 연주/돌림노래 합창/리듬막대로 돌림노래 연주 순서로 연주한다.

유의점: • 돌림노래 시 모둠별 시작 순서를 진행자가 정확히 알고 이를 수기로 지시할 수 있도록 한다.

활동내용 2: '딸기야' 리듬과 창작 리듬 돌림노래로 연주하기

① '딸기야' 리듬 및 지난주에 완성된 조별 리듬을 리듬막대를 사용하여 말리듬/리듬막대 연주/돌림노래 말리듬/돌림노래 리듬 연주/말리듬 순으로 연주한다.

유의점: 자칫 고정박이 빨라질 수 있으니 박자에 유의한다.

3. 3차시 쿵쿵쿵 꼬리잡기

주 차: 3차시 / 5차시

제 목: 쿵쿵쿵 꼬리잡기

목 표: 퐁당퐁당 노래에 맞춘 리듬댄스로 꼬리잡기 게임을 할 수 있다.

내 용: 실버세대가 쉽게 접근이 가능한 동요 리듬에 발댄스를 연결하고 꼬리잡기 게임과 접목한 활동으로, 신체의 유연함은 물론 노래와 댄스를 동시에 해야 함으로 집중력과 리듬감을 요한다. 이 활동은 누구나 즐겁게 참여가 가능한 점과 여러 모둠으로 활동 시 게임이 더욱 재미있어지는 장점이 있다. 발건반 댄스를 정해진 리듬 안에 모둠원 전원이 똑같이 발을 맞추어 움직여야 하며, 상대방의 꼬리로 스카프 등을 활용하면 재미있는 활동이 가능하다.

준비물: 음향(퐁당퐁당 노래)

[도 입]

주 제: 마음열기

활동내용 : 퐁당퐁당 노래 부르기

① 다함께 즐거운 마음으로 퐁당퐁당 노래를 부르며 합창한다.

유의점 : • 최대한 다양한 신체를 활용하여 노래할 수 있도록 한다. 고정박을 잘 느끼기 위해 강사는 탬버린이나 북을 활용해 고정박을 연주해주어 소리에 집중할 수 있도록 도와준다.

[활 동]

주 제: 리듬놀이

활동내용: • 발리듬 댄스 익히기

① 한 줄로 서서 발리듬 댄스를 익혀본다.

[발리듬 댄스]

① 퐁당	오른발 옆으로 찍기-발 모으기
② 퐁당	왼발 옆으로 찍기-발 모으기
③ 돌을 던지자	발모아 앞으로 3번 전진
이후는 ①②③을 노래 끝까지 반복한다.	

•모둠별 진행 방향에 맞추어 돌아보기

② 4박 리듬에 맞추어 지시된 방향대로 4박에 맞추어 돌아본다.

유의점: • 쿵쿵쿵 다음의 한 박자는 쉼표이며 이때만 앞으로 이동할 수 있음을 인지시킨다.

③ 적정한 인원으로 모둠을 구성한 후 맨 끝의 사람은 스카프로 꼬리를 만들고 나머지는 모두 허리를 잡고 노래를 부르며 발리듬 댄스를 시작한다.

④ 상대편의 꼬리를 맨 앞사람이 잡으면 이긴다. 마지막 한 모둠이 나올 때까지 반복한다.

4. 4차시 노래활용 1

주 차: 4차시 / 5차시

제 목: 노래활용1

목 표: '고향의 봄' 노래를 부를 수 있고 그림으로 표현하여 자신의 이야기를 표현할 수 있다.

준비물: 교육진행 PPT, 미술채색도구, 악보

[도 입]

주 제: 마음열기

활동내용 1: '고향의 봄' 노래 합창하기

귀에 익숙한 '고향의 봄'을 음정과 박자에 유의하여 다함께 합창한다.

내 용: 실버세대의 많은 추억이 담겨 있는 고향의 노래를 활용하여 각자의 인생 이야기를 꺼내 타인과 공유할 수 있고, 과거를 회상하는 과정을 통해 감성을 어루만지고, 각자의 느낌과 얽힌 사연을 노래의 가사를 나누어 맡은 가사에 맞추어 표현하게 함으로써 보다 자유로운 활동을 끌어낼 수 있다.

또한 한 절씩 나누어 그린 그림을 하나로 합치면 하나의 스토리가 있는 멋진 합작품이 나올 수 있다.

이 활동을 통해 음악을 통해 엿보는 타인의 삶의 이야기가 참여자들의 심금을 자극하고 과거의 상황, 느낌, 환경 등을 떠오르게 하여 많은 공감대를 형성할 수 있고, 하나의 노래에서 느껴지는 다양한 감성과 표현의 방법을 알 수 있다. 이후에 노래에 맞추어 손동작을 연결해 활동함으로 가사에 맞춘 신체표현의 결합, 노래 부르기와 리듬 맞추기의 결합으로 보다 통합적인 사고력이 요구되고 음악을 심상화할 수 있다. 맨 마지막은 콘테스트로 연결하여 작은 전시회 및 즐거움을 줄 수 있다.

준비물: 악보, 색칠도구, 도화지, 스티커

유의점 : •가사를 큰 글씨로 잘 보일 수 있도록 준비한다.

고향의 봄

이원수 요 홍난파 곡

[활 동]

주 제: 노래표현 놀이

활동내용 2: • 모둠별 활동

① 모둠을 나눈 후 가사의 절을 분배하고 그 의미와 느낌에 대해 조별로 의견을 나눈다.

② 각자 개인이 표현해야 할 부분을 나누고 가사의 의미에 맞추어 떠오르는 자신의 느낌과 추억 등을 그림으로 표현한다.

③ 그림 연결하기, 각자 만들어진 그림을 공간에 노래의 가사 순서에 맞추어 순서대로 전시한다.

④ 발표하기 및 최고의 그림 뽑아보기, 붙여진 그림과 가사를 감상한 후 자신의 추억과 이야기를 공유한다. 스티커로 가장 마음에 드는 그림을 선정한 후 가장 많은 숫자의 스티커를 받은 그림을 그린 사람을 칭찬해준다.

유의점 : • 노래의 절을 인원수에 맞게 잘 분배하도록 한다.

활동내용 3: • 노래와 손동작으로 노래하기

① 다시 한 번 합창을 통해 노래를 불러보고 어울리는 손동작을 함께하며 노래를 통한 마음의 위안을 얻는다.

유의점 : • 손동작은 가급적 간단하게 진행하여 어렵지 않도록 한다.

고향의 봄

나의 살던 고향은 꽃피는 산골
복숭아꽃 살구꽃 아기 진달래
울긋불긋 꽃대궐 차리인 동네
그 속에서 놀던 때가 그립습니다.

꽃동네 새동네 나의 옛고향
파란들 남쪽에서 바람이 불면
냇가에 수양버들 춤추는 동네
그 속에서 놀던 때가 그립습니다.

5. 5차시 노래활용 2

주 차: 5차시 / 5차시

제 목: 노래활용2

목 표: '오빠생각' 노래를 부를 수 있고 뮤지컬로 만들어 활동할 수 있다.

준비물: 교육진행 PPT, 악보, 간단한 소품

[도 입]

주 제: 마음열기

활동내용 1: • 오빠생각 노래 합창하기

귀에 익숙한 '오빠생각'을 음정과 박자에 유의하여 다함께 합창한다.

유의점 : • 1절과 2절을 모두 합창하고 가급적 암기할 스 있도륵 한다.

[활 동]

주 제: 뮤지컬놀이

활동내용 2: 노래에 대한 스토리를 상상해본다.

① 뮤지컬의 구성요소와 특징에 대해 알아본다.

② 등장인물 선정하기

노래에 어울리는 등장인물을 생각하고 참여자 중에서 역할을 지정한다.

③ 합창/연기/소품 및 음향으로 모둠 나누고 활동하기

합창을 맡은 모둠은 중간중간 허밍을 추가하고 간단한 안무를 함께 연습해본다. 연기자는 대본에 따른 간단한 대사를 외울 수 있도록 하고 동선의 이동을 익힌다. 어울리는 제스처도 연습한다. 소품 및 음향은 중간에 들어가야 할 소품과 음향효과는 무엇이 있는지 함께 의논하고 준비한다.

오빠생각

최순애 요 박태준 곡

- 뮤지컬 활동하기(예시)

① 순이가 혼자 쓸쓸히 걸어 나와 헤어진 오빠를 그리워하는 대사를 하고 나면 합창단이 허밍을 하며 양쪽에서 걸어 나와 무대 뒤에 합창대열로 선다.
② 합창으로 1절을 안무와 함께 부른다.
③ 합창이 2절을 허밍으로 시작하고, 오빠가 걸어 나와 빨간구두를 손에 들고 순이를 그리워하는 대사를 시작한다.
④ 대사 후 합창단은 후렴 부분으로 노래를 시작한다.
⑤ 노래가 끝나면 순이와 오빠가 앞으로 나와 서로 포옹하며 기쁨을 표현한다.

유의점 : • 모둠별 충분한 연습시간을 갖도록 하고 소품을 활용한다.

오빠 생각

뜸북뜸북 뜸북새 논에서 울고
뻐꾹뻐꾹 뻐꾹새 숲에서 울제
우리 오빠 말 타고 서울 가시면
비단 구두 사가지고 오신다더니

기럭기럭 기러기 북에서 오고
귀뚤귀뚤 귀뚜라미 슬피 울 건만
서울 가신 오빠는 소식도 없고
나뭇잎만 우수수 떨어집니다.

6장

노래코칭지도

1. 노래

1) 노래의 역할

“음악은 즐거움의 원천이며 마음과 마음의 벽을 무너뜨리는 힘을 갖고 있다”라는 말이 있다. 이와 같이 우리는 노래를 통해 분위기를 조성하고 긴장을 해소하며 참여 의식을 향상시킬 수 있다. 노래를 통해 레크리에이션의 시작과 마무리를 하는 것이다. 노래를 하는 사람들은 노래 자체를 즐기는 것이지 그 외에는 어떠한 목적도 존재하지 않는다는 것을 명심하자.

2) 노래 지도시 곡 선택

① 지도자는 자신이 좋아하는 곡 보다는 참가 대상의 수준과 기호에 맞는 노래를 선택해야 한다. 아무리 쉬운 곡일지라도 수업 시작 전 지도자가 완전히 숙지하고 수업에 임해야 한다.

② 될 수 있는 한 쉬운 노래를 선택한다. 또 노래의 흐름 전반을 통하여 프로그램이 목적하는 어떤 목표나 성과를 기대할 수 있는 곡이다 좋다. 노래의 암시효과를 생각하며 희망적이고 밝은 노래, 건전하고 적극적인 노래를 선택한다.

③ 참가자가 성인이면 안단테(걸음 거리 속도), 청소년이면 알레그레도(원기 있는 속도)로 하는 등 참가대상에 따라 곡 선택을 하는 것이 중요하다

3) 노래 지도시 고려하여야 할 점

① 노래를 지도할 때는 가르친다는 자세보다 함께 부르며 리드하는 입장을 갖는다.
② 참여자와의 거리감을 좁히기 위해 마음열기 등으로 긴장을 풀어준다.
③ 악보를 반드시 사용하여 시각적 능력을 향상시킨다.
④ 대상에 맞는 음악 선정을 잘한다
⑤ 선정 한 첫 음을 잘 잡아준다.
⑥ 노래를 잘 해석해 주는 것도 노래지도에 효과적이다.
⑦ 노래의 의미를 증대시키기 위해 스토리텔링을 하는 것도 도움이 된다.

2. 노래 코칭지도사의 입문지침

① 눈높이를 맞추고 이야기한다.

② 처음에는 의견을 나누면서 대화형태로 진행하는 방법이 부드럽다.

③ 유행하는 유머를 이야기하면서 학습자 분위기도 부드럽게 한다.

④ 노래를 부를 때 학습자들과 눈높이를 맞추며 진행하고, 시선처리는 골고루 한다.

⑤ 노래스피치는 잘 알아듣도록 통하게 해야 한다.

⑥ 최대한 감정을 억제하고 나지막이 이야기 하듯이 부른다.

⑦ 노래는 최대한 많은 경험속에서 자연스러운 음처리에 능숙해진다.

⑧ 대부분 고음에서 자신없어 하며 매끄럽게 넘어가지 않는데 그 이유는 마음에 부담을 느껴 음을 높게만 부르려고 하기 때문이다. 높은음은 높게 소리를 내려 하기보다 쎄게 내는 것이 포인트이다.

3. 노래 선곡할 때 유의점

① 내가 잘할 수 있고 잘하는 노래를 선택한다.

② 내가 좋아하는 노래를 선곡한다.

③ 어르신들이 좋아하는 즉, 대상에 맞는 노래를 선곡한다.

4. 노래를 부를 때 유의점

① 청중 즉 대상의 마음을 헤아려준다.

② 학습분위기를 편안함과 친근감으로 서로 소통한다.

③ 지도사나 학습자와 서로 칭찬화법으로 분위기를 만든다.

④ 웃음지도법을 통한 자연스러운 분위기에서 학습자가 끝까지 웃을 수 있게 지도한다.

⑤ 본인스스로 당당할 수 있도록 전문성을 갖춘다.

⑥ 평소 웃음을 통해 밝은 미소로 진실되고 성실함을 보여준다.

⑦ 어떤 상황에도 당황하지 않도록 준비한다.

⑧ 지도사는 반드시 표준어를 사용하여 학습자에게 정확한 언어를 사용하여 전달력을 높여준다.

⑨ 표정과 제스처를 적절하게 사용한다.

⑩ 순발력을 발휘하여 매 순간 변화되려 노력한다.

⑪ 노래가사에서 강조할 부분은 반복해서 설명해준다.

⑫ 청중과 소통할 수 있는 분위기 속에서 감정처리부분을 정확히 반복하여 연습하여 학습자가 자신있게 할 수 있도록 때론 강하게 강조한다.

5. 노래 부르기 전 유의점

① 몸에 힘을 빼는 연습을 한다. 몸에서 완전하게 긴장을 풀고 노래한다. 특히 어깨와 목에 힘을 빼는 연습을 한다.

② 노래 부를 때 다음에 부를 마디를 미리 머릿속에 생각한다. 그러면 정확한 음으로 노래를 잘 부를 수 있다.

③ 반드시 복식호흡을 한다. 어린 아이가 잠을 잘 때처럼 편안한 복식호흡이 되어야 한다. 그래야만 음정도 좋아지고, 음정이 불안하지 않으며, 고음도 불안하지 않게 잘 낼 수 있다.

④ 갖춘마디 또는 못갖춘마디로 시작, 첫박자 음을 정확한 박자로 부르는 점을 명심한다. 그래야 다음 박자가 밀리지 않는다.

6. 노래 코칭 강사의 유의점

① 노래 코칭할 선곡은 최소 10번 이상 들어서 익숙하도록 한다.

② 선곡한 노래를 5번 이상 불러 보면 좀더 자신있게 수업진행에 도움이 된다.

③ 자기가 노래한 곡을 연습하여 녹음해서 듣는다.

④ 노래를 부를 때는 가사에 담겨진 의미를 생각하며 감정을 넣어 부른다.

⑤ 고음처리나 노래가 잘 안 되는 부분이 있으면 계속적으로 연습해서 부른다.

⑥ 본인의 노래를 녹음하여 들어보며 부족한 부분은 계속 연습하여 실수하지 않도록 철저히 준비한다.

⑦ 노래에 담긴 역사나 스토리를 설명하여 의미부여를 하고 노래코칭 수업진행을 하면 노래를 부를 때 감정처리가 좀더 부드러워 질 수 있다.

7. 음악의 3요소

음악이란 소리(음)를 통하여 사람의 생각과 느낌을 전달하는 시간적 예술이다. 또한 음악은 무의미한 음의 나열이 아니라, 일정한 규칙에 따라서 음을 배열한 것이다.

① 리듬: 음의 길이와 셈 · 여림을 나타내는 말

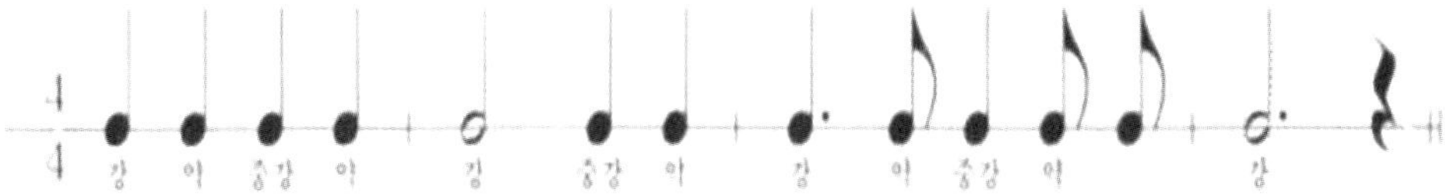

리듬이란 일정하게 반복되는 박자 위에 길고 짧은 음을 늘어놓은 것이다. 1박의 음을 몇 개로 나누거나 2배로 늘이기도 하여 음의 길이에 변화를 주어 길이가 다른 각각의 음들을 연결하면 리듬이 된다. 이 때, 음의 높고 낮음은 상관하지 않는다.

② 가락(멜로디): 음의 높낮이를 말하며, 리듬이라는 규칙에 의해 배열된다.
가락은 높고 낮은 음을 질서 있게 연결한 것으로 멜로디 또는 선율이라고 한다. 따라서 가락 악기의 연주나 사람이 부르는 노래는 가락이라고 할 수 있다. 그러나 입으로 아무렇게나 내는 소리나 제멋대로 연주하는 악기 소리는 가락이라고 할 수 없다. 음악적인 법칙에 따라서 연주되어 우리의 귀에 기분 좋게 들려오는 '고른음'이라야 가락이라고 할 수 있다.
다음의 악보는 앞의 리듬에 음의 높고 낮음을 붙여 가락으로 만든 것이다.

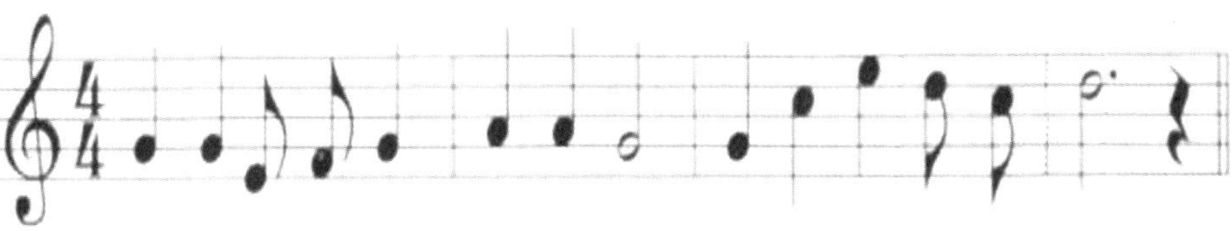

③ 화성(화음): 두 개 이상의 음이 동시에 울려서 아름다운 소리를 내는 것이다.

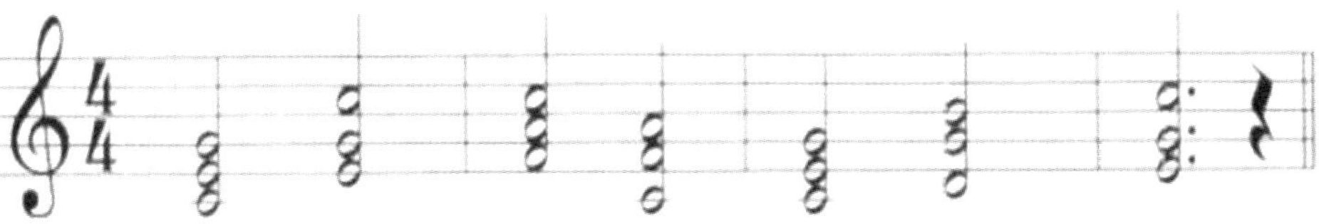

한 음만으로 이루어진 가락은 너무 단순하고 허전해서 지루하게 느껴질 수도 있다. 그래서 두 음 이상의 서로 다른 높이의 음을 동시에 울려 깊이 있는 음악을 이루게 하기도 한다.
합창과 같이 높은 가락과 낮은 가락이 동시에 어울려 연주되는 화음의 모임을 화성이라고 한다. 곧 화음은 두 음 이상이 동시에 울리는 것이고, 화성은 두 음 이상의 울림이 많이 연결된 것이다.
서양 음악은 동양 음악에 비하여 화성을 매우 중요하게 여기며 자주 사용하고 있다. 독창할 때 피아노나 관현악 반주를 하면 가락에 잘 어울리는 화성으로 깊이 있고 아름다운 음악을 들을 수 있다.

1. 갑돌이와 갑순이

김다인 작사, 전기현 작곡, 김세레나 노래로 1969년에 만들어진 곡이다. 우리의 가슴속에는 고향 마을을 생각하면 물방앗간 뒷전의 사랑 얘기와 뒷동산 숲 속의 사랑으로 자리잡고 있다. 노래의 멜로디가 시대적 감성이라면 가사는 우리들의 현장을 대변하는 이성이 아닐까 싶다. 이 노래는 이러한 감성과 이성을 매우 잘 아우러는 노래이다. 1960년대 가난과 굶주림의 삶 속에서도 본성적인 사랑은 가슴속에서 피어나고 서로가 공감하고 공유한다.
이 노래를 부른 가수 김세레나의 본명은 김희숙이다.
1947년 논산에서 출생하여 언제나 한복을 곱게 차려입고 화사한 봄 처녀처럼 노래하는 민요의 여왕, 국민 요정으로 불리었다.

〈갑돌이와 갑순이 지도법〉
① 곡이 만들어진 시대적인 배경에 대하여 전반적인 설명과 스토리 텔링을 해준다
② 가사 전체를 처음부터 끝까지 옛 추억을 떠올리며 다함께 시를 낭송하듯이 읽어 내려간다.
③ 이 곡은 8/6박자로서 8분음표를 한박으로 하는 한마디에 6박자 굿거리 장단으로 되어 있는 곡이다.
④ 이 곡은 8/6박자 즉 3박자 계통의 강약약 셈여림을 강조하여 생각하면서 노래한다.
⑤ 이 곡은 리듬과 셈여림 장단을 잘 살려 그 느낌으로 노래한다. 국악 굿거리 장단 리듬감을 충분히 살려서 노래한다.
⑥ 4마 8마디 16마디 순으로 계명 창법으로 연습을 실시한다.
⑦ 8마디 단위로 멜로디 노래를 연습하고 다음으로 처음부터 마지막까지 멈추지 않고 연속으로 노래를 부른다.

갑돌이와 갑순이

갑돌이와 갑순이는 한 마을에 살았드래요
둘이는 서로 서로 사랑을 했드래요
그러나 둘이는 마음뿐이래요
겉으로는 음~ 모르는 척 했드래요

그러다가 갑순이는 시집을 갔드래요
시집간 날 첫날 밤에 한없이 울었드래요
갑순이 마음은 갑돌이 뿐이래요
겉으로는 음~ 안 그런 척 했드래요

갑돌이도 화가나서 장가를 갔드래요
장가간날 첫날 밤에 달보고 울었드래요
갑돌이 마음은 갑순이 뿐이래요
겉으로는 음~ 고까짓것 했더래요
고까짓것 했드래요 고까짓 것 했드래요

갑돌이와 갑순이

굿거리
덩 기덕 쿵 더 러 러 러 쿵 기덕 쿵 더 러 러 러
5
갑 돌 이 — 와 갑 순 이 — 는 한 마 을 에 살 았 드 래 요 —
그 러 다 — 가 갑 순 이 — 는 시 — 집 을 갔 드 래 — 요 —
갑 돌 이 — 도 화 가 나 — 서 장 — 가 를 갔 드 래 — 요 —
13
둘 — 이 는 서 로 서 — 로 사 랑 을 했 드 래 — 요
시 집 간 날 첫 날 밤 — 에 한 없 이 울 었 드 래 요 —
장 가 간 날 첫 날 밤 — 에 달 보 고 울 었 드 래 요 —
21
그 러 나 둘 — — 이 는 마 — 음 뿐 이 래 요 —
갑 순 이 마 — — 음 은 갑 돌 이 뿐 이 래 요 —
갑 돌 이 마 — — 음 은 갑 순 이 뿐 이 래 요 —
29
rubato(자유로운 템포로)
3
겉 으 로 는 — — 음
겉 으 로 는 — — 음
겉 으 로 는 — — 음
37
a tempo
1.
2.
모 르 는 척 했 드 래 요 —
안 그 런 척 했 드 래 요 —
고 꺼 짓 것 했 드 래 요
요

2. 만남

박신 작사, 최대석 작곡, 노사연 노래로 1986년에 만들어진 곡이다. 노사연은 1978년 대학 2학년 때 MBC가 주최하는 대학가요제에 참가하여 '돌고 돌아가는 길'로 금상을 받아 가수가 되었다. 그러나 10여 년간 무명 가수로 지냈다. '만남'이 만들어진 것은 1986년이었지만 대중에게 알려진 것은 그로부터 3년 뒤인 1989년이었다. 만남의 작곡가 최대석은 노사연의 막내 이모부이다.

노사연은 평소 개그맨 저리가라 할 만큼 예능적 끼를 가지고 있어 그를 처음 보거나 잘 몰랐던 사람들은 가수보다도 개그맨이라고까지 할 정도다.

10년의 무명시절을 보내던 그에게 드디어 기회가 찾아왔는데 어느 날《일요일 일요일 밤에》프로그램에 출연하게 되었다. 가수보단 예능인으로 더 인기를 얻던 중에 '만남' 노래로 여러 방송사 출연으로 일약 스타가 되었다. 노사연의 꾸밈없는 순수한 모습에 '만남' 노래의 인기가 치솟은 것이다. 그녀가 1992년 '만남'으로 가수왕까지 오른 것은 노랫말처럼 우연히 아니라 가수 데뷔 10년 만의 진정한 바램이었다.

〈만남 지도법〉

① 곡이 만들어진 시대적인 배경에 대하여 전반적인 설명과 스토리 텔링을 해준다

② 가사 전체를 처음부터 끝까지 옛 추억을 떠올리며 다함께 시를 낭송하듯이 읽어 내려간다.

③ 이 곡은 4/4박자로 4분음표를 한박으로 하는 한마디에 4박자로 구성되어 있으며 못 갖춘 마디로 시작하는 곡이다. 너무 빠르지 않게 적당한 빠르기로 부르면 된다.

④ 4/4박자는 가장 기본적인 박자와 리듬으로 구성되어 있으므로 초보자도 누구나 쉽게 따라 부를 수 있는 곡이다.

⑤ 이 곡은 앞부분 전반부와 후반부 후렴 부분으로 두 파트로 구분해서 연습을 하면 쉽게 노래를 따라 부를수 있게 된다.

⑥ 이 곡은 못갖춘마디로 시작하므로 다음 마디 첫 박자를 조금 강으로 발음하면서 불러준다.

⑦ 후렴 부분은 깊은 호흡으로 음을 길게 가져가면서 감정을 가지고 부르면 좋은 노래를 부를 수 있다.
⑧ 이곡은 셋잇단음표가 주를 이루는 곡으로 셋잇단음표를 안정감있게 처리해서 불러야 노래가 편안하게 들린다.
⑨ 이 곡은 각 음표를 빠르지 않게 여유를 가지고 편안한 자세로 노래를 불러야 듣기 좋은 노래가 된다.

만남

우리 만남은 우연이 아니야
그것은 우리의 바램이었어
잊기엔 너무한 나의 운명이었기에
바랄 수는 없지만 영원을 태우리
돌아보지 말아 후회하지 말아
아 바보 같은 눈물 보이지 말아
사랑해 사랑해 너를 너를 사랑해
돌아보지 말아 후회하지 말아
아 바보 같은 눈물 보이지 말아
사랑해 사랑해 너를 사랑해
사랑해 사랑해 너를 사랑해

만남

박신 작사　최대석 작곡　노사연 노래

3. 편지

1973년 김정호 작사, 임창제 작곡, 어니언스 노래의 '편지'는 1970년대 통기타 바람을 타고 인기를 몰았던 노래이며, 우리들 가슴속에 잔잔하게 흐르는 감성적인 노래이다. 어니언스는 '양파들'이란 뜻이며 당시 외래어 표기 금지령에 따라 그룹 이름을 '양파들'이라고 해서 대중을 웃음을 주기도 했다.

어니언스는 임창제와 이수영으로 구성된 그룹으로 1972년 그룹 작은새로 데뷔하였다. 그들은 미8군 오디션을 통과하면서 그룹 활동을 시작하였으며, 1972년 달 TBC 공개 오디션에서 당당히 1위를 하였다. 그리고 1970년대와 1980년대 듀오시대를 열어 많은 곡을 히트시키면서 전국적으로 대중적인 인기를 얻었다.

〈편지 지도법〉

① 곡이 만들어진 시대적인 배경에 대하여 전반적인 설명과 스토리 텔링을 해준다

② 가사 전체를 처음부터 끝까지 옛 추억을 떠올리며 다함께 시를 낭송하듯이 읽어 내려간다.

③ 이 곡은 4분음표를 한박으로 하는 한마디에 4박자로 구성되어 있으며 사장조의 못갖춘마디이다.

④ 이 곡은 4/4박자의 가장 기본적인 박자와 리듬의 구성 악보이므로 초보자도 쉽게 따라 부를수 있으므로 정확하게 박자와 리듬에 맞춰 부르면 쉽게 누구나 따라 부를수 있게 된다.

⑤ 이 곡은 8마디로 단위로 구분하여 연습하고 후렴 부분으로 넘어가면 8마디, 8마디 단위 순으로 반복하여 연습을 실시하고 처음부터 마지막까지 쉬지 않고 끝까지 불러본다.

⑥ 이 곡은 못 갖춘 마디로서 다음 마디 첫 음 박자를 조금 강으로 발음하면서 불러준다.

⑦ 후렴 부분은 깊게 호흡을 가지고 좀더 크게 힘 있게 우렁차게 멜로디를 가져가면서 부른다.

⑧ 이 곡은 셋잇단음표 리듬이 주를 이루기 때문에 멜로디에 신경을 쓰면서 셋잇단음표 처리를 잘 해줘야 좋은 노래가 된다. 노래 부를 때 셋 잇단음표를 빠르지 않게 신경쓰면서 불러야 한다.

⑨ 이 곡은 깊게 호흡을 가지고 각 멜로디 처리를 길게 길게 빠르지 않게 안정감 있게 편안한 마음으로 불러줘야 듣기 좋은 노래가 된다.

편지

말없이 건네주고 달아난 차가운 손
가슴속 울려주는 눈물 젖은 편지
하얀 종이 위에 곱게 써내려간

너의 진실 알아내곤 난 그만 울어버렸네
멍 뚫린 내 가슴에 서러움이 물 흐르면
떠나버린 너에게 사랑노래 보낸다

편지

김미선 작사　임창제 작곡　어니언스 노래

4. 백만송이 장미

'백만송이 장미'는 1981년 라트비아 가요에 러시아어로 가사를 붙인 곡이다. 이 곡의 원곡은 구소련 소비에트연방의 가수 알라 푸가초바가 1982년에 불러서 알려졌으며, 우리나라에서는 1990년대 임주리 씨가 불렀으나 대중에게 큰 인기를 얻지 못했다. 이후 1997년 심수봉이 번안하여 불러 대중으로부터 큰 인기를 얻었다. 심수봉은 조부, 부친 등 집안이 국악 명인과 명창 인간문화재를 배출한 예술인 집안이며 예술적 끼를 가지고 태어났다. 심수봉의 노래는 한의 정서가 많이 들어간 것이 특징인데 노래 대부분이 처연하면서도 독특하게 꺾이는 목소리는 집안 내력이다.

〈백만송이 장미 지도법〉

① 곡이 만들어진 시대적인 배경에 대하여 전반적인 설명과 스토리 텔링을 해준다

② 가사 전체를 처음부터 끝까지 옛 추억을 떠올리며 다함께 시를 낭송하듯이 읽어 내려간다.

③ 이 곡은 4분음표를 한박으로 하는 한마디에 4박자로 구성되어 있으며 사장조의 못갖춘마디이다.

④ 이 곡은 4/4박자의 가장 기본적인 박자와 리듬의 구성되어 있으며 여성키 남성키를 잘 선별하여 감정을 가지고 부르면 매우 좋은 느낌을 전달 할 수 있다. 특히 박자에 유념하여 부른다.

⑤ 이 곡은 4마디 단위로 구분하여 연습하고 난 다음 처음부터 마지막까지 불러본다.

⑥ 이 곡은 8분 음표 특히 16분 음표 처리를 빠르지 않게 조금 느린 템포로 안정감 있게 불러 주어야 아주 듣기 좋은 노래가 된다.

⑦ 이 곡은 전체적으로 멜로디 반복이 많은 노래이다. 자칫 지겨울 수 있으나 중복 및 반복되는 마디를 약간씩 다른 감정으로 노래를 불러 주면 매우 듣기 좋은 곡이 된다.

⑧ 이 곡은 편안한 자세와 호흡으로 멜로디를 가져가면서 불러주어야 분위기 좋은 노래가 된다.

백만송이 장미

먼 옛날 어느 별에서 내가 세상에 나올 때
사랑을 주고 오라는 작은 음성 하나 들었지
사랑을 할 때만 피는 꽃 백만송이 피어오라는
진실한 사랑을 할 때만 피어나는 사랑의 장미

미워하는 미워하는 미워하는 마음 없이
아낌없이 아낌없이 사랑을 주기만 할 때
수백만송이 백만송이 백만송이 꽃은 피고
그립고 아름다운 내 별나라로 갈 수 있다네

진실한 사랑은 뭔가 괴로운 눈물 흘렸네
헤어져간 사람 많았던 너무나 작은 세상 이었기에
수많은 세월 흐른뒤 자기의 생명까지 모두 다 준
빛처럼 홀연히 나타난 그런 사랑 나는 알았네

미워하는 미워하는 미워하는 마음 없이
아낌없이 아낌없이 사랑을 주기만 할 때
수백만송이 백만송이 백만송이 꽃은 피고
그립고 아름다운 내 별나라로 갈 수 있다네

이젠 모두가 떠날지라도 그러나 사랑은 계속 될거야
저 별에서 나를 찾아온 그토록 기다리던 이 인데
그대와 나 함께라면 더욱더 많은 꽃을 피우고
하나가 된 우리는 영원한 저 별로 돌아가리라

미워하는 미워하는 미워하는 마음 없이
아낌없이 아낌없이 사랑을 주기만 할 때
수백만송이 백만송이 백만송이 꽃은 피고
그립고 아름다운 내 별나라로 갈 수 있다네

백만송이 장미

외국 곡 심수봉 노래

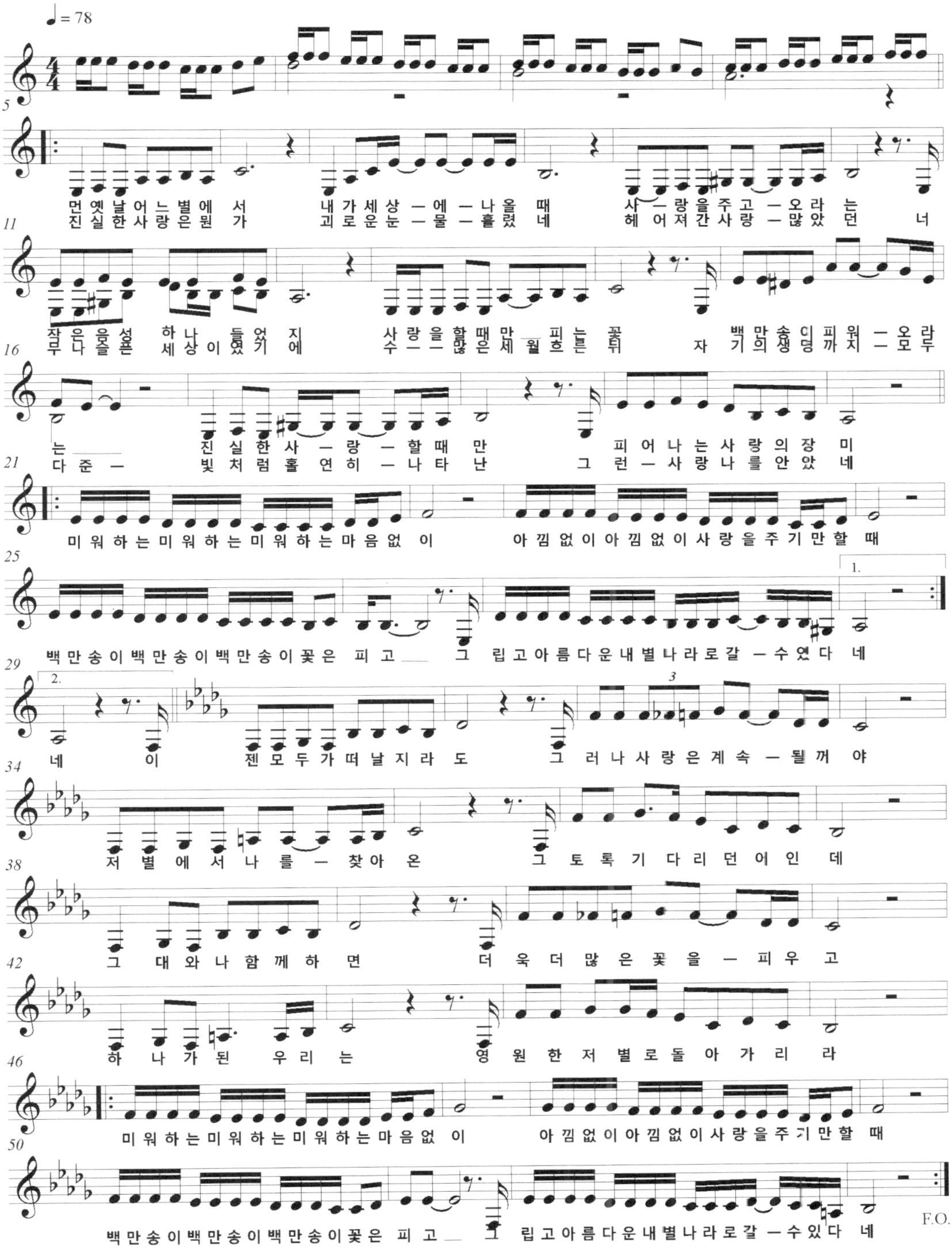

5. 섬집아기

이 동요는 참으로 호젓하고 쓸쓸한 분위기를 띠고 있다. 외딴 섬, 그리고 외딴 집의 아기와 어머니에 이어진 사랑을 노래하고 있다. 이 노래에서는 무엇보다 '다 못 찬 굴 바구니'의 구절에서 강한 감동을 받는다. 또한 이 구절에서 어머니가 아기를 염려하는 사랑을 느낄 수 있다. '끼룩 끼룩 끼룩 끼룩' 갈매기가 울고 있다. 엄마는 그때까지 섬 그늘에서 굴을 따고 있었다. 그런데 갈매기 소리를 듣고 보니 생각나는 게 있다. 아기를 집에 혼자 두고 온 것이다. '혼자서 심심하겠다. 집을 잘 봐라. 응, 착하지.'라고 아기를 달래 놓고 왔다. 그런데 바다의 파도 소리를 자장가 삼아 아기는 잠이 들었다. 그래도 엄마의 마음은 걱정이다. '혹시나 무슨 일이라도…' 생각하니 마음이 놓이지 않는 것이다. 엄마는 가득 채우지 못한 굴 바구니를 머리에 이고 모랫길을 달려온다. 아기가 걱정이 되어 돌아온 것이다.

〈섬집아기 지도법〉

① 곡이 만들어진 시대적인 배경에 대하여 전반적인 설명과 스토리 텔링을 해준다

② 가사 전체를 처음부터 끝까지 옛 추억을 떠올리며 다함께 시를 낭송하듯이 읽어 내려간다.

③ 이 곡은 8/6박자로 8분음표를 한박으로 하는 한마디에 6박자로 구성되어 있다. 바장조의 갖춘마디이다.

④ 이 곡은 우리나라 동요로서 8/6박자의 리듬감을 살려 강약약 느낌으로 노래를 꾸밈없이 순수한 마음 가잠으로 부르면 감성을 느끼게 하는 노래가 된다.

⑤ 이 곡은 전체 16마디로 구성되어 있으며 계명창법 계이름으로 먼저 연습하고 난 다음 4마디씩 구분하서 가사를 연습하고 다음으로 처음부터 마지막까지 노래를 불러본다.

⑥ 이 곡은 어머니가 자식을 사랑하는 모정의 생각을 가지고 조금 느리게 감정을 실어서 음표를 부드럽게 처리하면서 불러주면 듣는이로 하여금 감명을 불러준다.

⑦ 이 곡 마지막 마디는 사라지듯이 여리게 작게 여운을 남기면서 노래를 마무리 해준다.

⑧ 이 곡은 8분음표를 한박 한박 음표 멜로디를 한음 한음 눌러서 불러준다 그러면 안정적이고 매우 좋은 노래가 된다.

섬집아기

엄마가 섬그늘에 굴 따러 가면
아기가 혼자 남아 집을 보다가
바다가 불러주는 자장 노래에
팔 베고 스르르르 잠이 듭니다.

아기는 잠을 곤히 자고 있지만
갈매기 울음소리 맘이 설레어
다 못찬 굴바구니 머리에 이고
엄마는 모랫길을 달려옵니다.

섬집아기

한인현 작사 이홍렬 작곡

6. 과수원 길

이 곡은 1972년 한국동요 동인회를 통하여 발표되어 지금까지 꾸준히 불리는 동요다. '과수원 길'은 8분의 6박자 바장조의 서정 동요인데, 정감 있는 가락이 포근한 마음을 느끼게 한다. 이 노래는 동요로 작곡된 것이지만 합창곡으로도 편곡되고, 어린이뿐만 아니라 대중사회에서도 널리 애창되고 있다. 쉽게 익힐 수 있는 가락에서 서정성이 은은히 풍기는 오늘날의 대표적 동요이다.

〈과수원길 지도법〉

① 곡이 만들어진 시대적인 배경에 대하여 전반적인 설명과 스토리 텔링을 해준다

② 가사 전체를 처음부터 끝까지 옛 추억을 떠올리며 다함께 시를 낭송하듯이 읽어 내려간다.

③ 8/6박자로 8분음표를 한박으로 하는 한마디에 6박자 사장조의 갖춘마디로 보통빠르게로 구성되어 있다.

④ 이 곡은 우리나라 동요곡로 8/6박자의 강약약 리듬감으로 순수한 마음 가짐으로 부르면 감성을 느끼게 하는 노래가 된다.

⑤ 이 곡은 전체 22마디로 구성되어 있으며 먼저 계명창법 계이름으로 4마디씩 구분해서 연습하고 다음으로 가사 멜로디를 단위별 구분하여 연습 한다음으로 전체적으로 처음부터 끝까지노래를 불러본다.

⑥ 이 곡은 보통빠르게로 특히 8분음표, 16분음표 점 4분음표 구성이 주를 이루기 때문에 음표를 명확하게 처리해서 빠르지 않게 불러주면 아주 듣기 좋은 노래가 된다.

⑦ 호흡을 길게길게 가져가면서 노래 부르는 것을 명심한다.

과수원 길

동구 밖 과수원길 아카시아 꽃이 활짝 폈네
하아얀 꽃 이파리 눈송이처럼 날리네
향긋한 꽃냄새가 실바람 타고 솔솔
둘이서 말이 없네 얼굴 마주보며 쌩긋
아카시아 꽃 하얗게 핀 먼 옛날의 과수원길

과수원 길

박화목 작사　김공선 작곡

7장

웃음치료

1. 웃음치료의 역사

'웃음의 어원은 헬레(Hele)이고 그 의미는 '건강(Health)'이다.

도산 안창호 선생은 마을입구에 '빙그레 빙그레'라는 글귀를 적어놓았다고 한다. 18세기 무렵 '당신은 유머리스트야' 하는 말이 영국의 최고 덕담이었다고 전해진다.

웃음치료는 웃음을 활용하여 신체적 혹은 정서적 고통과 스트레스를 경감하는 치료법이다. 건강을 증진하고 질병을 극복하는 데 보완적인 방법으로 사용되고 있다.

웃음은 역사가 기록된 이후 의학에서 계속 사용되어 왔다. 13세기 초, 일부 외과의사들은 수술의 고통을 경감시키기 위해 웃음을 이용했고, 16세기 로버트 버튼(Robert Burton)은 멜랑콜리의 치료법으로, 리처드 멀캐스터(Richard Mulcaster)는 신체적 운동의 하나로 웃음을 이용했다고 한다.

17세기 허버트 스펜서(Herbert Spencer)는 과도한 긴장감을 완화시키는 방법으로 웃음을 사용하였고, 19세기 고트립 후펠란트(Gottlieb Hufeland)는 소화를 돕기 위해서 웃음을 사용하였다. 20세기 미국의 의사 제임스 월시(James Walsh)는 내장기관을 자극하는 방법으로 웃음을 사용하기도 하였다. 의학계에서 웃음은 꾸준히 연구의 대상이 되어 왔다.

현대의 웃음치료는 미국의 <새터데이 리뷰(Saturday Review)>지의 편집장이었던 노먼 커즌스(Normam Cousins)로부터 비롯되었다. 그는 강직성 척수염이라는 질병에 걸렸는데, 굳어져 가는 뼈와 근육 때문에 큰 고통을 받았다. 그런데 코미디 프로그램을 보고 난 후 통증이 줄어드는 것을 실감하였다. 15분 웃으면 2시간 동안 통증이 없어진다는 사실을 발견하게 된 것이다. 이후 적극적인 웃음치료로 병을 치료하는 데에 큰 도움을 받은 그는 캘리포니아 대학 부속병원에서 본격적으로 웃음의 의학적인 효과를 연구하였고, 이후 웃음에 관한 연구는 계속되고 있다..

출처: [네이버 지식백과]웃음치료-서울대학교병원 의학정보

2. 웃음의 종류

웃음에는 여러 종류가 있는데, 수동적 유머는 재미있는 영화나 코미디, 책 등을 보면서 웃는 것이다. 자발적 혹은 비계획적 유머는 일상생활에서 웃음을 찾는 것이다.
미소(微笑), 고소(苦笑, 쓴웃음), 홍소(哄笑), 냉소(冷笑), 조소(潮笑), 실소(失笑), 함박웃음(크고 환하게 웃는 웃음) 등이 있다.
예전부터 '배꼽 잡았네', '내 배꼽 빠지는 줄 알았네', 한참을 웃고 나면 '속이 시원하다', '10년 묵은 체증이 다 내려갔다' 하는 말들을 한다. 싱글벙글 웃는 웃음과 기쁨을 표현하는 웃음, 어처구니없는 가운데 웃는 웃음, 우스꽝스러움에서 존연쩍어서 웃는 웃음, 깔깔 웃는 웃음은 기품이 없음을 나타내며, 큰소리로 웃는 웃음은 대범함을 나타내는 웃음이라고 한다.
억지웃음도 건강에 좋다고 한다, 대부분의 치료는 부작용이 있지만 웃음치료는 부작용이 없다고 한다. 나이가 들수록 웃음을 잃어버리는데 웃음치료를 통해 많이 웃고 건강도 좋아지고 긍정적인 태도도 가지게 된다.
출처: [네이버 지식백과]웃음의 기능-억지웃음도 건강에는 최고 (인간의 모든 감정, 2011. 4. 10. 서해문집)

1. 웃음 스팟

책상대소: 책상을 손바닥으로 두드려며 웃는다

뱃살대소: 뱃살을 두드리며 크게 웃는다

파안대소: 파 소리를 내면서 크게 웃는다.

박장대소: 박수를 치며 5초 동안 폭탄이 터질 것 같다는 기분으로 크게 웃는다.

요절복통: 두발을 동동 구르며 20초 동안 배가 아플 정도로 웃는다.

2. 다양한 웃음기법

아기박수치며 웃기: 천진난만 귀여운 표정으로 깜찍하게 웃는다.

아에이오우 웃음: 아 하하하, 에 하하하, 이 하하하, 오 하하하, 우 하하하

기차 웃음: 칙칙폭폭 기차 웃음

비행기 웃음: 비행기가 날아가는 모습을 팔을 벌려서 살짝 뛰면서 웃는다.

느끼 웃음: 서로 손을 잡고 5초간 눈을 보며 느끼고,
천천히 내려가 5초간 코를 보고,
5초간 입을 보면서 느껴봐 느껴줘 하면서 크게 웃는다.

백설공주 웃음: 거울아 거울아 이 세상에서 누가 가장 예쁘니?
그건 바로 나야!~나!
라는 멘토와 함께 크게 웃는다.

3. 하루종일 행복하게 사는 법은?

아침은 아침부터 하하하

점심은 점점 크게 하하하

저녁은 저절로 하하하

4. 1년 내내 웃고 사는 법

1월은 일없이 웃고

2월은 이유 없이 웃고

3월은 삼삼하게 웃고

4월은 사정없이, 사근사근 웃고

5월은 오부지게, 오붓하게, 오순도순, 오줌 싸며, 오늘만 웃지 말고

6월은 유쾌하게 웃고

7월은 칠칠맞게 웃고

8월은 팔팔하게 웃고

9월은 구수하게 웃고

10월은 시끌벅적, 시원하게 웃고

11월은 시비 걸며 웃고

12월은 십이장이 건강하게 웃자

5. 1주일 내내 여가생활 즐기며 웃기

월요일은 달밤에 즐기며 웃자 하하하

화요일은 찜질방에서 즐기며 웃자 하하하

수요일은 수영장에서 즐기며 웃자 하하하

목요일은 산림욕으로 즐기며 웃자 하하하

금요일은 운동으로 즐기며 웃자 하하하

토요일은 주말농장 고구마 캐며 웃자 하하하

일요일은 하루 종일 일없이 즐기며 웃자 하하하

6. 웃다보니 율동

아하하하 하품해도 웃고: 웃음동작 양손을 좌우로 흔들고 좌우로 양손을 위로 펴준다.

에헤헤헤 헤어져도 웃고: 웃음동작 양손 좌우로 흔들고 작별인사 하듯이 흔든다.

오호호호 호탕하게 웃고: 웃음동작 양손 좌우로 흔들고 배를 두드린다.

우후후후 후련하게 웃고: 웃음동작 양손 좌우로 흔들고 배 앞에서 양손 앞으로 돌린다.

간주시: 빨래 박수(율동)를 실시한다.

* 무릎 두 번, 손뼉 두 번, 쭉쭉 밀고, 쭉 쭉 밀고(양손으로 빨래를 비비는 흉내)
* 무릎 두 번, 손뼉 두 번, 꾹꾹 짜고, 꾹꾹 짜고(허리 높이에서)
* 무릎 두 번, 손뼉 두 번, 툭툭 털고, 툭툭 털고(가슴 높이에서)
* 무릎 두 번, 손뼉 두 번, 슬쩍 널고, 슬쩍 널고(머리 위에서)

꼬인 일도 웃다보면 답이 보이고: 머리 4번, 어깨 4번, 양손으로 무릎 4번, 손뼉 4번치고

없던 복도 웃다보면 굴러 온다네: 머리 4번, 어깨 4번, 양손으로 무릎 4번, 손뼉 4번치고

즐겁다고 생각하면 즐거운 인생: 머리 2번, 어깨 2번, 양손으로 무릎 2번, 손뼉 2번치고

웃다보니 행복하네: 머리 1번, 어깨 1번, 양손 무릎 1번, 손뼉 1번(2번 반복)

일단 한번 웃어봐: 머리 1번, 어깨 1번, 양손 무릎 1번, 손뼉 2번(2번 반복)

2소절도 반복한다.

7. 가나다라 웃음

가: 가슴을 펴고 웃자(가슴을 펴고 웃을 때 엔도르핀 만땅, 기쁨 충만하다)

나: 나부터 웃자(내가 웃으면 거울도 웃고 세상도 웃는다)

다: 다 같이 웃자(다 같이 웃을 때 행복이 33배 더 찾아온다)

라: 라일락 향기 풍기듯 웃자(은은한 향을 풍기듯 행복한 마음이 가득하다)

마: 마음까지 활짝 웃자(마음까지 웃어야 몸과 마음과 세포가 웃는다)

바: 바라보며 웃자(눈을 마주치며 웃을 때 마음이 통해 사랑이 전달된다)

사: 사랑하는 마음을 품고 웃자(최고의 사랑 표현은 웃음이다)

아: 아침부터 아이같이 웃자(어린 아이는 하루에 300번 이상 웃는다)

자: 자신감을 갖고 웃자(자신감은 용기와 긍정적인 힘을 발휘한다)

차: 차를 타도 웃자(차를 타고 미소를 지으면 주위가 밝아진다)

카: 카리스마 넘치게 웃자(웃음은 모든 사람을 끌어들이는 힘이 있다)

타: 타잔같이 크게 웃자(자연 그대로 크게 웃을 때 각종 좋은 호르몬이 나온다)

파: 파도치듯 시원하게 웃자(웃음은 스트레스와 우울증을 날려버린다)

하: 하루 세 번씩 그냥 웃자(만사형통하고 건강하고 행복해진다)

8. 나 이뻐 웃기

짝을 정하여 서로 마주보게 한다.
두 팔을 뻗어 손을 맞대고 짝지 얼굴이 안 보이게 있다가
두 손을 양쪽으로 쫘악 벌리면서(까꿍이라고 해도 된다)

"나 이뻐" – 큰소리로 물어보게 한 후
"당연하지" – 하면서 양손 주먹을 쥐고
"하하하하하하하" – 박장대소 서로 마주보며 크게 웃는다.

9. 융합놀이 박수

(옆 사람과의 단합심 유도 및 숫자세기와 동작을 하면 기억력 회복이 좋다)
무릎박수 한 번 상대방 손뼉 한 번
무릎박수 두 번 상대방 손뼉 두 번(이렇게 다섯 번까지 늘려간다)
박수를 치면서 "하"로 바꾸어서 진행한다.
무릎박수 하 / 상대방 손뼉 하
무릎박수 하하 / 상대방 손뼉 하하
무릎박수 하하하 / 상대방 손뼉 하하하
상대방 손을 다섯 번 칠 때 마주잡고 마음껏 웃는다.
(박수는 점차 숫자를 늘려갈 수 있으나, 할머니들을 위주로 할 때는 다섯 번 정도까지 가 좋다)

10. 융합놀이 1. 2. 4. 8 박수게임

끊어서 말하기와 박수를 치면서 어르신들의 관심도를 집중시킨다.

"나는 내가 정말 좋다"

나(박수 한 번) 는(박수 한 번) 내(박수 한 번) 가(박수 한 번)

정(박수 한 번) 말(박수 한 번) 좋(박수 한 번) 다(박수 한 번)

나는(박수 두 번) 내가(박수 두 번) 정말(박수 두 번) 좋다(박수 두 번)

나는 내가(박수 네 번) 정말 좋다(박수 네 번)

나는 내가 정말 좋다(박수 여덟 번)

순서를 바꾸어서 박수 여덟 번에서 박수 한 번으로 거꾸로 되풀이한다.

11. 융합놀이 밀양 아리랑(개사놀이)

날좀보소 – 무릎 세 번, 날좀보소 – 손뼉 세 번

날~좀~ – 어깨 파닥파닥, 보~소~ – 두 손 들어 반짝반짝

동짓섣달 – 무릎 세 번, 꽃본듯이 – 손뼉 세 번

날~좀~ – 어깨 파닥파닥, 보~소~ – 두손들어 반짝반짝

아리아리랑 – 무릎세번, 쓰리쓰리랑 – 손뼉세번

아라리가~ – 어깨 파닥파닥, 났~네에헤~ – 두손들어 반짝반짝

아리랑 – 무릎세번, 고개로 – 손뼉세번

날~좀~ – 어깨파닥파닥, 보~소~ – 두손들어 반짝반짝

12. 숫자놀이 손유희

하나 하면 할머니가 지팡이 짚는다고 잘잘잘
(오른손으로 숫자 하나를 만든 후 왼손은 허리에 얹어서 허리를 굽힌다)

두울 하면 두부장수 두부를 판다고 잘잘잘
(오른손으로 숫자 둘을 만든 후 양손으로 네모를 크게 만들어 두부 판을 밀고 가는 시늉을 한다)

세엣 하면 새색시가 거울을 본다고 잘잘잘
(오른손으로 숫자 셋을 만든 후 왼손 손바닥을 내 얼굴 쪽으로 거울처럼 펴면서 손을 양쪽으로 왔다갔다하면서 흔든다)

네엣 하면 냇가에서 빨래를 빤다고 잘잘잘
(오른손으로 숫자 넷을 만든 후 왼손으로 빨래하는 시늉을 한다)

다섯 하면 다람쥐가 알밤을 먹는다고 잘잘잘
(오른손으로 숫자 다섯을 만든 후 양손으로 주먹을 쥔 후 입가에 갖다 대고 알밤을 먹는 시늉을 한다)

★ 잘잘잘 후렴구에서는 양팔을 들고 파닥파닥 동작을 한다.
숫자를 1~10까지를 사용하여 동작을 더 만들면 된다.

8장

노인신체활동과 스트레칭

1. 준비운동

1) 준비운동의 개념

준비운동은 신체활동 또는 운동에 참여하기 전 신체의 기능을 안정 상태에서 운동에 적합한 상태로 서서히 유도해 가는 일련의 과정으로서 웜업(warm-up)이라고도 하며, 주 운동에 참여하기 전 최소한 10분 이상 할 것을 권장한다.

준비운동과 스트레칭은 차이가 있지만 간단한 스트레칭을 준비운동의 한 방법으로 채택하기도 한다. 그러므로 바람직한 준비운동을 위해서는 개인의 특성과 참여하는 운동종목 등의 특성을 고려하여 올바른 순서와 방법에 의해 진행하는 것이 준비운동의 효과를 높일 수 있다.

2) 준비운동의 방법

준비운동은 일반적인 준비과정과 특이적인 준비과정을 거치면서 운동을 해주는 것이 가장 이상적이다. 일반적인 준비과정은 맨손체조나 관절 돌리기 운동, 그리고 가벼운 순환운동으로 체온을 올려주는 운동을 말하며, 특이적인 준비과정은 전신에 대한 정적 스트레칭과 신체활동의 실제적인 움직임을 포함하는 동적 스트레칭을 말한다. 그러므로 단계에 따라 집중하면서 순차적으로 준비운동을 해주는 습관을 갖는 것이 중요하다.

(1) 관절 돌리기 운동

본격적인 준비운동에 대비하여 각 관절의 긴장을 풀어주고 신체를 준비시키는 운동이다.

(2) 체온 올리기 운동

관절이 충분히 풀린 후 가벼운 걷기, 뛰기, 리듬운동 등 순환운동을 통해 체온을 상승시키는 운동이며, 다음 단계의 스트레칭에 대해 신체를 준비시킨다.

(3) 근육 늘이기 운동

체온이 상승된 후 전신 스트레칭과 주 운동 관련 동작에 대한 특이적인 동적 스트레칭을 실시하여 근막과 근육 등을 이완시켜 최종적으로 신체를 운동에 참여하기 적합한 상태로 준비시키는 운동이다.

3) 준비운동의 필요성

주 운동 또는 신체활동에 참여하기 전에 실시하는 준비운동은 체온을 높여 호흡계, 순환계, 근육계 등을 운동하기 적당한 상태로 서서히 유도하기 때문에 필요하며, 운동을 할 때 안정성을 확보해주는 것은 물론 운동 후 빠른 피로회복에도 도움이 되기 때문에 반드시 실시하도록 한다.

4) 준비운동의 효과

① 체온과 근육의 온도를 상승시켜 골격근의 대사를 증가시킨다. 이로 인해 자극에 대한 반사시간을 단축시키며, 운동기능을 효율적으로 향상시킨다.

② 신체의 가동범위를 넓혀주어 근육 및 관절의 손상을 예방한다. 이로 인해 주 운동 시에 안정성이 확보되며, 근육의 길이가 늘어남으로써 부상이나 염좌의 가능성을 최소화한다.

③ 심장에 혈액을 적절하게 공급해주면서 관상동맥의 혈류량을 증가시킨다. 이로 인해 운동과 관련된 심장문제의 발생 위험을 줄일 수 있다.

④ 피로의 부산물인 젖산의 초기 생성을 막아준다. 이로 인해 피로감을 지연시키고 신체의 운동능력을 향상시킨다.

5) 준비운동의 기본지침

① 준비운동 시간은 최소 10분 이상 실시한다.

② 사지에서 시작하여 몸통으로, 심장에서 먼 부위부터 시작하여 가까운 부위로 실시한다.

③ 순환계와 근육계 작용을 점차적으로 증가시킨다.

④ 한 부위가 아니라 전신을 충분히 준비시키는 운동을 한다.

⑤ 주 운동보다 낮은 운동 강도로 실시한다.
⑥ 관절 돌리기-체온 올리기-근육 늘리기의 원리에 부합되는 운동을 선택한다.
⑦ 주 운동의 특성을 고려하여 적합한 준비운동을 실시한다.

2. 스트레칭

스트레칭은 신체 부위의 근육이나 힘줄, 인대 등을 늘여주는 운동으로서 경직된 근육이나 불균형하게 발달된 근육, 그리고 신체 각 부위의 가동 범위를 향상시킴은 물론 상해예방을 위해서도 널리 이용되는 운동이다. 스트레칭 운동은 시간과 장소에 구애받지 않고 누구나 쉽게 할 수 있으므로, 신체적·심리적 이완을 위하여 매우 유용한 운동 방법이 될 수 있다.

1) 스트레칭의 종류

유연성을 향상시킬 수 있는 스트레칭 방법은 대표적으로 정적 스트레칭, 동적 스트레칭, 수동적 스트레칭이 있다.

(1) 정적 스트레칭

정적 스트레칭(static stretching)은 근육을 최대한 신전시킨 상태에서 정지하고 일정한 시간 동안 자세를 유지하여 근육의 신장력을 향상시키는 방법으로 본 운동 전에 일반적으로 가장 널리 이용되는 방법이다. 또한 본 운동 후 정리운동으로 실시하면 운동 중 가중된 근육의 피로나 경직을 해소할 수 있다. 그러나 정적 스트레칭만으로는 스포츠기술에서 필요한 동적 유연성을 향상시킬 수 없으므로, 종목의 특수성에 맞는 유연성을 획득하기 위해서는 정적 스트레칭과 동적 스트레칭을 적절히 배합하여 실시해야 한다.

(2) 동적 스트레칭

동적 스트레칭(dynamic stretching)은 맨손체조와 같이 마지막 자세를 유지하지 않고, 움직임의 속도를 이용하여 근육을 신전시키는 방법이다. 이러한 동적 스트레칭은 특이적인 스포츠 종목의 움직임과 관련이 있어 몸의 회전범위와 같은 동적인 유연성을 향상시킨다. 그리고 정적 스트레칭에 의해 일시적으로 손실될 수 있는 파워(power)를 유지시킬 수 있으므로, 특이적인 유연성을 향상시키기에 매우 효과적이다. 또한 각 스포츠에서 필요로 하는 전문적 유연성을 증진시키기 때문에 본 운동을 준비하는 데 도움을 준다.

(3) 수동적 스트레칭

수동적 스트레칭(passive stretching)은 보조자에 함께 실시하는 방법으로 근육의 피로와 경직을 해소하고 관절의 가동범위를 더욱 향상시키는 데 효과적이다. 그러나 보조자는 정확한 스트레칭 기술 습득이 절대적으로 필요하며, 과도한 자극이나 동작은 금지하도록 해야 한다. 또한 실시자와 상호 대화를 통하여 스트레칭 시 통증을 느끼지 않으면서 편안하게 동작이 이루어지도록 해야 한다.

2) 스트레칭의 원리

(1) 스트레칭 전 가벼운 준비운동을 실시

갑작스런 근육의 신전은 근육의 손상을 유발할 수 있다. 가벼운 체조와 조깅 등의 준비운동을 통하여 체온을 상승시킨 후 스트레칭을 실시하면 상해의 예방은 물론 더욱 큰 스트레칭 효과를 얻을 수 있다.

(2) 신체 관절의 최대한 가동 범위까지 실시

스트레칭의 일반적 원리는 신체의 다양한 조직(근, 건, 인대, 관절)을 자연상태보다 신장시키는 것이며, 유연성의 향상을 위해서는 정상의 길이보다 약 10% 이상의 과신전이 이루어져야 한다. 그러나 심한 통증을 유발되면 즉시 중단해야 한다.

(3) 스트레칭을 실시하는 부위에 대해 집중

스트레칭 부위의 근육과 인대 등의 신전에 집중하면서 정확한 자세로 실시해야 유연성을 효과적으로 발달시킬 수 있다.

(4) 스트레칭 동작 시 적절한 호흡 및 속도로 실시

호흡을 멈추거나 근육에 통증을 느낄 정도로 급격하게 힘을 주면 근육과 관절에 손상할 수 있으므로 호흡을 정상적으로 실시해야 하며, 천천히 근육을 신전시킨다.

(5) 스트레칭 유지시간을 10~30초, 3~4회/일 실시

유연성의 최대 증가를 위해 정지자세를 얼마 동안 유지하는 것이 가장 좋은지는 알려져 있지 않다. 하지만 대부분의 연구들은 10~30초 정도 자세를 유지할 경우 매일 3~4회 정도의 반복이 유연성의 향상을 가져온다고 한다.

(6) 올바른 자세에 의해 실시

모든 스트레칭 동작을 바르고 정확하게 실시해야 균형 있게 발달된 신체를 만들 수 있다. 특히 시작 자세에서 특별한 동작을 제외하고는 허리 축을 곧게 편 채 바른 자세로 실시하는 것이 중요하다.

(7) 손상된 근육군의 스트레칭은 금지

운동이나 일상생활에 의해 손상된 부위를 스트레칭하면 상태가 악화될 수 있으므로 상해 부위의 스트레칭은 금지하며, 충분한 회복 후 실시하도록 한다.

(8) 다양한 근육군의 스트레칭을 실시

프로그램의 종목을 2~4주마다 변화시켜 다양한 근육군을 조화롭게 발달시킨다.

(9) 스트레칭 종목의 순서는 심장에서 먼 부위부터 시작

갑작스런 운동의 부정적 영향을 방지하기 위해 스트레칭의 순서는 심장에서 먼 부위부터 시작하여 점차적으로 몸통에 가까운 부위를 실시한다.

3. 노인을 위한 스트레칭

노인의 건강을 유지하기 위한 스트레칭을 소개한다. 꾸준한 스트레칭을 통하여 건강하고 유연한 몸을 만들어 건강을 유지할 수 있게 한다.

1) 기본적인 스트레칭

(1) 서서 몸통 굽히기

이 스트레칭은 허벅지 뒤쪽의 햄스트링 근육과 엉덩이, 그리고 허리에 이르는 신체 뒷면의 근육들을 전체적으로 스트레칭해준다. 운동 전후의 스트레칭으로 적합하다. 아래의 순서를 따라하면 된다.

① 양발을 골반 너비로 벌리고, 발끝이 정면을 향하도록 하여 선다.

② 무릎은 편 상태를 유지하며, 허리를 굽혀 손끝이 바닥을 향하도록 한다. 허벅지 뒤쪽과 허리에 신전감(늘여서 펴지는 느낌)을 느껴야 한다.

(2) 운동 부위 및 효과

햄스트링과 척추기립근의 스트레칭이다.

(3) 운동량

15~30초간 지속, 약 2~4회

(4) 주의사항

통증이 느껴지질 않을 정도로 하며, 발을 모을수록 스트레칭 강도가 높아진다.

올바른 스트레칭 호흡법

정적 스트레칭: 스트레칭 전 충분히 숨을 들이마시고, 신전 동작과 함께 천천히 숨을 내쉰다. 이후 정지 동작에서는 정상적인 호흡을 실시한다.

동적 스트레칭: 스트레칭을 하는 동안 정상적이고 리드미컬한 호흡을 한다.

2) 의자에 앉아서 하는 스트레칭

어르신들은 오래 앉아 있거나 움직이지 않고 근육을 쓰지 않으면 근육(예를 들면 척추기립근)이나 팔, 어깨 근육에 피로가 쌓이게 된다. 피로가 쌓이면 자세의 변화와 근육통을 동반하는 근골격계 질환을 유발하기 때문에 스트레칭을 통하여 근육의 피로를 풀어주는 것이 좋다. 특히 의자에 앉은 채로 스트레칭을 실시하는 동작은 별도의 공간이 필요하지 않으며, 위험하지 않으면서 다리에 무리도 주지 않는다. 스트레칭으로 유연성 효과를 얻을 수 있다.
스트레칭은 다음과 같은 순서와 방법으로 실시한다.

(1) 기지개 켜기(만세동작)

① 두 팔을 하늘로 뻗어 기지개를 켭니다.
(아 좋다, 모든 기운을 다 받듯이)

(2) 목 뒤로 젖히기 & 목을 옆으로 젖히기

① 목을 앞으로 살짝 숙였다가 뒤로 젖힙니다.
② 목을 옆으로 왼쪽 오른쪽 2회 반복합니다.
③ 손은 허리에 살짝 올리고 바른 자세를 유지합니다.

(3) 앞으로 목 굽히기

① 허리를 펴고 앉거나 선 자세를 취한 후 양손을 깍지 끼고 정수리 아래 뒤통수에 댄다.
② 목 뒷덜미의 근육에 신전감(늘여서 펴지는 느낌)이 느껴지도록 양손을 아래쪽으로 눌러 턱이 가슴에 닿게(뒷목이 당겨질 정도로) 한다.

(4) 머리 잡고 목 당기기

① 허리를 펴고 앉거나 선 자세를 취한 후 오른손을 머리 위로 왼쪽 뒤통수의 귀 뒤쪽에 걸도록 한다.
② 오른손에 힘을 주어 머리를 약 45도 정도로 당기도록 한다.

(5) 어깨 들썩들썩

① 어깨 힘을 빼고 귀 아래까지 올렸다 내렸다를 반복한다.

(6) 팔 반대방향 당기기

① 왼손 앞으로 쭉 뻗은 상태에서 오른손으로 팔목 걸어 오른쪽 어깨 앞으로 당긴다.

② 오른손 앞으로 쭉 뻗은 상태에서 왼손 팔목 걸어 왼쪽 어깨 앞으로 당긴다. 얼굴은 팔이 당겨지는 반대 방향으로 한다.

(7) 손바닥 몸 쪽으로 당기기

① 오른쪽 손바닥이 앞을 향하게 하고 팔을 전방으로 쭉 편다. 손끝이 바닥을 향하게 하고, 왼손으로 오른손을 잡아 부드럽게 당기도록 한다.

② 팔꿈치는 곧게 편 상태를 유지한다. 반대쪽도 동일하게 한다.

(8) 깍지 끼고 등 말기

① 서거나 앉은 자세에서 손등이 바깥쪽을 향하게 하고 양손에 깍지를 낀다.

② 양팔을 동시에 앞으로 쭉 뻗으며 등이 넓게 펴지는 느낌이 들도록 한다. 등의 상부와 견갑대의 근육들이 신전감이 느껴질 때까지 시행한다.

(9) 의자에 앉아 몸 앞으로 굽히기

① 의자에 양발을 어깨너비보다 약간 넓게 벌리고 앉는다.

② 등이 둥근 모양이 되도록 천천히 몸을 앞으로 숙인다. 아랫배가 다리에 닿을 정도로 구부려 등의 근육에 전체적으로 신전감이 들도록 한다.

(10) 의자에서 허리 돌리기

① 바른 자세에서 왼쪽으로 최대한 왼쪽으로 돌린다.

② 호흡 들여 마시고 내쉬면서 오른쪽도 반복한다.

4. 치매를 예방하기 위한 체조

의학기술이 발달하고 생활수준이 높아져 이제 우리나라도 고령화 사회로 접어들었다. 최근 조사를 보면 노인들이 가장 염려하는 질병이 노인성 치매로 나타났다. 치매의 발생원인과 현상은 현재 의학으론 아직 완전히 밝혀지지 않은 채 치매환자를 돌보고 있는 형편이다.

발병하면 완치가 불가능하다고 알려진 치매는 무엇보다도 예방이 중요하다. 아래 내용은 아주대학 의과대 예방의학교실 송미숙 교수팀이 개발한 간단한 체조를 통해 손과 발의 말초신경을 자극시켜 두뇌를 활성화시키는 손발체조 프로그램이다.

치매예방 손발체조는 노인들이 언제 어디서나 쉽게 할 수 있고 처음부터 끝까지 하는데 15분에서 30분 정도면 충분하다. 손발체조를 하면서 음악을 곁들이면 더욱 좋은 효과를 볼 수 있다고 한다.

1) 치매예방을 위한 손체조

(1) 손목관절운동

① **손목관절 및 손목 누르기:** 팔꿈치와 손 목사이의 1/2지점의 팔목에서부터 손목까지의 팔목 안쪽과 바깥쪽 부위를 누른다. 먼저 팔목 안쪽에서부터 손목 쪽으로 다음과 같이 누른다.

새끼손가락방향으로 6곳을 3초씩 3회 누른다.
중지방향으로 6곳을 3초씩 3회 누른다.
엄지방향으로 6곳을 3초씩 3회 누른다.
팔목 바깥 쪽 부위도 위와 같이 반복한다.

② **손목관절 좌우스트레칭:** 엄지손가락을 안으로 넣고 가볍게 주먹을 쥔 상태에서 엄지손가락 쪽으로 약 25도, 새끼손가락 쪽으로 약 65도 굽힌다. 손가락을 가지런히 편 다음 10초씩 3회 반복한다.

③ **손목스트레칭:** 양 손바닥을 마주대고 팔을 쭉 뻗는다.

쭉 뻗은 팔을 엄지손가락 쪽으로 굽혔다가 새끼손가락 쪽으로 굽히기를 10초씩 3회 반복한다. 손등 쪽으로도 같은 방법으로 반복한다.

(2) 손등운동

① **손등 누르기:** 손목에서 손등의 각 손가락 쪽으로 나가면서 3곳을 각각 누른다. 엄지손가락 쪽에서 새끼손가락 쪽으로 가면서 뼈와 뼈 사이의 네 군데를 3초 동안 누르고 전체적으로 3회 되풀이한다.

② **손등 문지르기:** 한쪽 손바닥으로 다른 쪽 손등을 수십 번 문지른다.

(3) 손바닥운동

① **손바닥 누르기:** 손바닥은 손목에서부터 손가락과 손가락이 붙은 사이까지 3곳, 각 손가락 사이의 4곳 등 모두 12곳을 새끼손가락 쪽에서 엄지손가락 쪽으로 3초씩 3회 누른다. 손가락을 유연하게 하면서 가운뎃손가락을 중심으르 다섯 손가락을 밀착시킨다, 10초씩 3회 실시한다.

② **손바닥 두드리기:** 큰소리가 나도록 박수를 친다(20회).

③ **손가락으로 손바닥 두드리기:** 한쪽 손바닥을 펴서 다른 쪽 손가락으로 두드린다(50회).

④ **손바닥 비비기:** 손바닥에 열이 나도록 빨리 비벼준다.

(4) 손가락운동

① **손가락 스트레칭:** 엄지손가락과 엄지손가락, 집게손가락과 집게손가락 식으로 각 손가락의 지문 부위를 밀착시킨 다음 서서히 밀어 부채꼴로 펴서 엄지손가락과 새끼손가락 끝이 수평으로 일직선이 되게 한다. 10초씩 3회 실시한다.

② **손가락 눌러주기:** 엄지손가락은 3곳을 다른 손가락은 4곳을 지압하되, 엄지손가락과 집게손가락으로 아래 위에서 잡는 듯이 손가락 뿌리 쪽 지압점부터 3초씩 누르고 손가락 끝에서는 손가락을 잡아당긴다. 각 손가락 압점의 좌우 옆 부분을 마찬가지로 3초씩 누른다.

③ **손가락 잡아당기기:** 엄지손가락, 집게손가락, 가운뎃손가락, 약손가락, 새끼손가락끼리 잡고 서로 엇갈려 고리를 만든 후 잡아당긴다(5초씩).

④ **손가락 끝 운동**: 좌우 다섯 손가락을 조금 펼치고 팔꿈치를 가볍게 굽힌 다음, 어깨 높이에서 양쪽 손가락의 지문 부위를 모두 밀착시킨 다음 본래의 자세로 돌아온다(3회 실시). 좌우의 손가락을 양쪽 어깨 폭보다 조금 넓게 벌렸다가 밀착시키도록 한다.

⑤ **손가락 끝 두드리기 운동**: 손톱 끝을 직각으로 세워 큰소리가 날 정도로 세게 두드리거나(20회) 빠르게 두드린다.

⑥ **손가락 돌리기 운동**: 집게손가락을 좌우 포개어 원을 그리며 빙빙 돌린다. 원의 크기를 조절하여 다른 손가락도 교대로 실시한다. 뒷짐을 지고 같은 방법으로 돌리기 운동을 반복한다.

⑦ **손가락 깍지 끼워 누르기**: 양손을 위로 향하게 손가락을 끼운 상태에서 지긋이 눌러준다.

⑧ 손가락 튕기기 운동: 가운데손가락으로 다른 쪽 손가락을 번갈아가며 뒤로 젖혀 탁자 위로 거문고 소리가 나는 것처럼 튕겨준다(천안삼거리, 노들강변 등의 국거리 장단에 맞추어 튕겨본다).

2) 치매예방을 위한 발체조

(1) 발 스트레칭

① 양다리를 펴고 앉은 상태에서 발가락을 최대한 오므렸다 펼쳐주는 동작을 반복한다(10초씩 3회).

② 양다리를 펴고 앉은 상태에서 발가락을 뒤쪽으로 최대한 신전하였다가 앞쪽으로 번갈아 신전한다(20회).

③ 양다리를 어깨너비로 벌린 상태에서 발목으로 원을 그리며 돌려준다(20회).

(2) 발바닥 두드리기

① 발바닥으로 박수를 세게 친다(20회).

② 왼쪽 발바닥 중앙(용천)을 따라 오른쪽 엄지발가락으로 3초씩 3회 반복하여 누른다.

③ 왼발 장심(발바닥의 움푹 들어간 곳)을 오른발 뒤꿈치로 두드린다(20회).

(3) 발바닥 스트레칭

① 왼쪽 발가락이 위로 향하게 발목을 세운다. 오른쪽 발가락을 왼쪽 발가락에 걸고 앞으로 끌어당긴다(10초씩 3회).

② 왼쪽 발가락에 오른쪽 발바닥을 얹고 앞으로 밀어준다(10초씩 3회).

(4) 발꿈치 스트레칭

① 발꿈치에는 누르기와 스트레칭을 동시에 실시한다. 왼쪽 무릎을 구부려 오른쪽 발 위에 얹고 발꿈치를 앞으로 끌어당긴다.

② 왼손으로 발목을 가볍게 잡고 오른쪽의 엄지손가락 끝이 발바닥 쪽으로 향하게 하여 발꿈치에 댄 다음 네 손가락으로 발목의 바깥쪽을 잡는다. 발바닥의 용천부위를 눌러준다(5회).

③ 아킬레스건을 오른쪽의 엄지손가락과 네 손가락으로 잡고 아래위로 스트레칭을 빠르고 리듬감 있게 반복한다(10회).

9장

노인건강생활요가

1. 복부미만

1) 복부비만 운동

내장지방으로 뱃살이 많아 고민하는 분들이 적지 않다. 그래서 복부비만은 건강의 적 신호로 고혈압, 당뇨, 심장병 등에 걸릴 확률이 높을 뿐 아니라 배 나온 사람은 자기 관리가 제대로 못한다는 인상을 주기 때문에 복부비만 운동을 해야 한다.

2) 복부비만에 도움이 되는 운동

순서	동작 설명	시범동작
준비 자세	바닥에 눕는다. 무릎을 세운 후, 양손은 머리 뒤에서 깍지를 낀다.	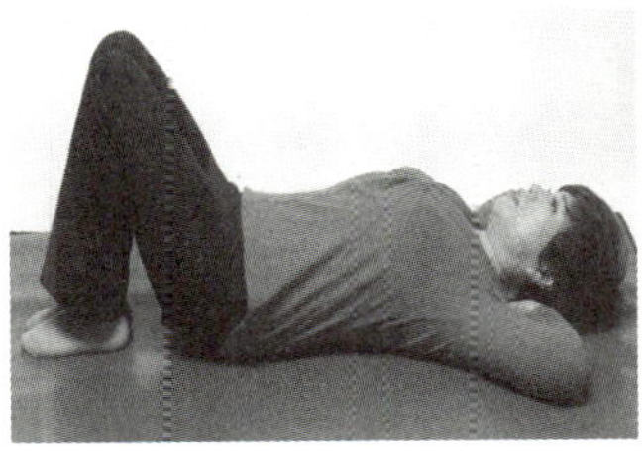
좌우 비틀어 윗몸일으키기	상체를 일으켜 오른쪽 팔꿈치와 왼쪽 무릎이 맞닿도록 상체를 천천히 튼다. 반대쪽으로도 튼다. 숨이 가쁘지 않을 정도의 속도로 천천히 몸이 조금 힘들다고 느낄 정도로 반복한다.	
윗몸 일으키기 자세에서 상체 유지	윗몸일으키기 자세로 상체를 일으킨 채로 10초가량 유지한다.	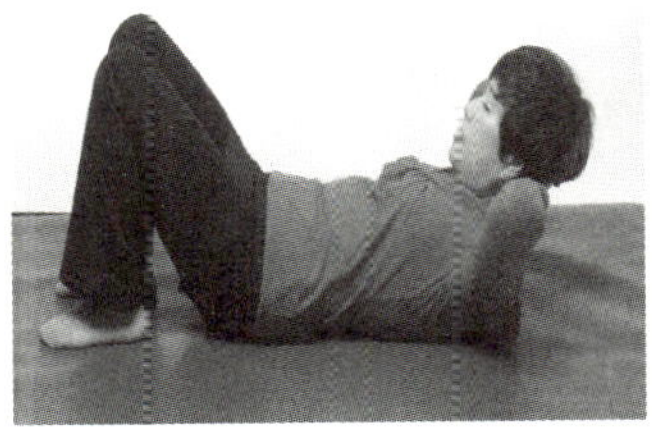
두 팔과 두다리 들어올리기	다리를 45도 각도로 뻗는다. 두 팔을 다리와 평행하게 뻗어서 10초가량 버틴 뒤 천천히 제 자리로 돌아온다(10회 정도 반복).	

2. 날씬한 몸매 S라인 만들기

1) 허리 살을 빼는 운동

허리둘레가 엉덩이둘레보다 크면 내장지방일 가능성이 높다. 특히 많은 여성의 경우 S라인 몸매를 부러워한다. 나이가 들어도 건강을 유지하기 위해선 허리둘레가 너무 비대하지 않도록 늘 관리를 해야 한다.

2) S라인 허리에 도움이 되는 운동

순서	동작 설명	시범동작
준비 자세	앉아서 두 발을 앞으로 뻗는다.	
무릎 세우고 상체 돌리기	무릎을 세우고 상체를 돌린다. 숨 들이마신 뒤 동작을 취하고 숨을 내쉬면서 돌아온다.	
다리를 뻗거나 책상다리 자세로 상체 돌리기	숨을 들이마신 뒤 상체를 한쪽으로 틀어서 돌리고, 숨을 내쉬면서 돌아온다. 반대쪽으로도 한다. 천천히 호흡에 맞게 한다.	
다리 벌리고 상체 숙이기	두 다리를 벌리고 상체를 왼쪽으로 틀면서 두 손을 멀리 뻗어서 큰 원을 그리며 발에 닿도록 숙인다. 반대쪽으로도 한다.	

3. 날씬한 허벅지 만들기

1) 하체에 도움이 되는 운동

뚱뚱한 하체는 다른 부위에 비해 살을 빼기 쉽지 않으니 식이요법과 운동을 병행해야 한다. 탄력 있고 날씬한 허벅지를 만드는 데 도움을 주는 운동이다.

2) 날씬한 허벅지 만들기 운동

순서	동작 설명	시범동작
두 무릎이 맞닿도록 앉았다 일어나기 반복	두 발을 어깨 너비로 벌린 뒤 무릎이 맞닿도록 다리를 굽히며 천천히 앉았다가 일어난다.	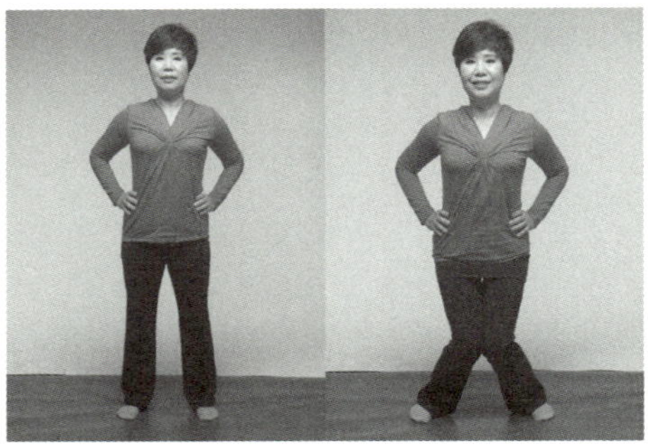
두 다리 벌리고 앉았다 일어나기 반복	1번 동작에 이어 두 발끝을 몸 바깥쪽으로 향하게 한 뒤 천천히 앉았다 일어난다. 두 동작을 이어서 10여 차례 반복한다.	

두 다리 벌리고, 한 쪽으로 허리 숙이기	두 발을 벌리고 선 뒤 두 손을 발쪽으로 따라 내려가면서 허리를 숙인다. 이때 머리는 들어주고 반대로도 한다. 서너 차례 반복한다.	
고개는 세우고 상체 앞으로 숙이기	4번 동작에 이어 두 손을 엉덩이 쪽에 갖다 대고 오른쪽으로 내리면서 무릎을 편 채로 허벅지를 앞으로 밀어넣고 상체를 뒤로 젖힌다. 두 동작을 이어 3~4회 반복한다.	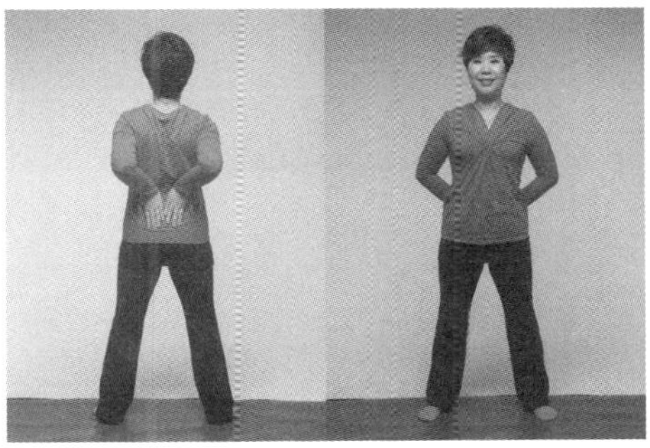

4. 요통에 도움이 되는 운동

1) 허릿심을 기르는 운동

허릿심은 허리의 힘이라는 뜻이다. 예전에 남자는 허릿심이 있어야 일을 잘한다고 했다. 허리는 남성 능력의 상징이라고 할 정도로 허리는 우리 몸의 중앙에 자리해 상체와 하체를 연결시켜주는 중요한 곳이다. 몸이 움직일 때 중심축의 역할을 한다.

우리 주변에는 허리통증으로 고생하는 이들이 많다. 뼈에 이상이 있을 때, 근육에 문제가 생겼을 때이다. 신장이 허할 경우에도 허리가 나빠진다. 허리가 아프면 무척 불편하다. 물건을 들기 힘들고 심하면 계단을 오르내리거나 걷기가 어렵기 때문에 이 운동은 허리 통증에 도움이 된다.

2) 허리에 도움이 되는 운동

순서	동작 설명	시범동작
준비 자세	두 발을 모은 채 바로 선다.	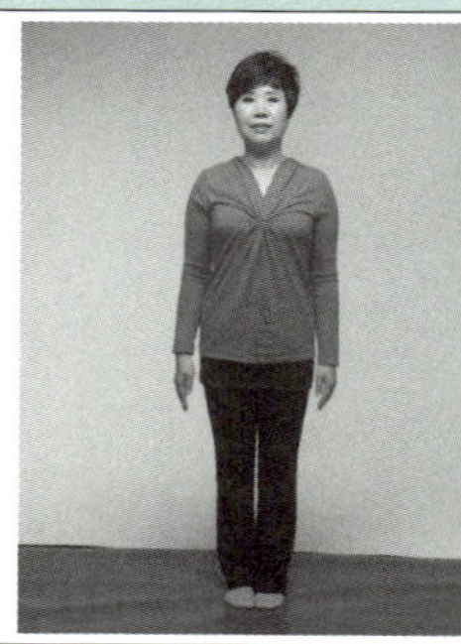
상체 숙이기	두 손이 발등에 닿도록 상체를 천천히 숙일 수 있는 만큼 숙인다. 이때 고개는 정면을 향하도록 한다.	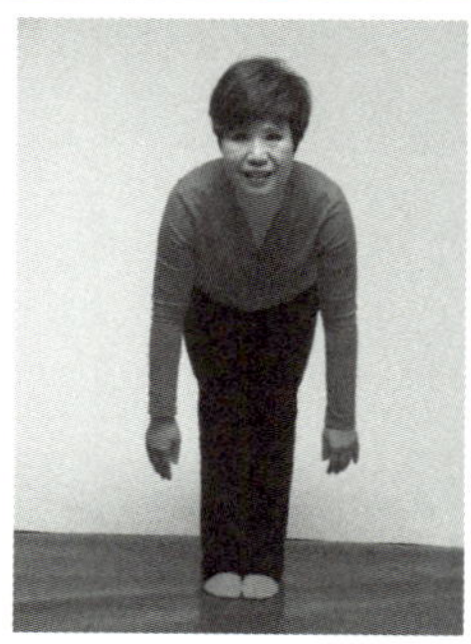

상체 일으켜 세우기	상체를 천천히 일으켜 세운다.	
두 팔 위로 뻗기	두 발을 어깨너비로 천천히 벌리면서 두 팔을 뻗은 채로 천천히 들어 올려 하늘을 향해 쭉 뻗는다.	
두 팔 천천히 내리기	두 팔을 천천히 내리며 두 발을 모은다. 1~5번까지 3~4회 반복한다.	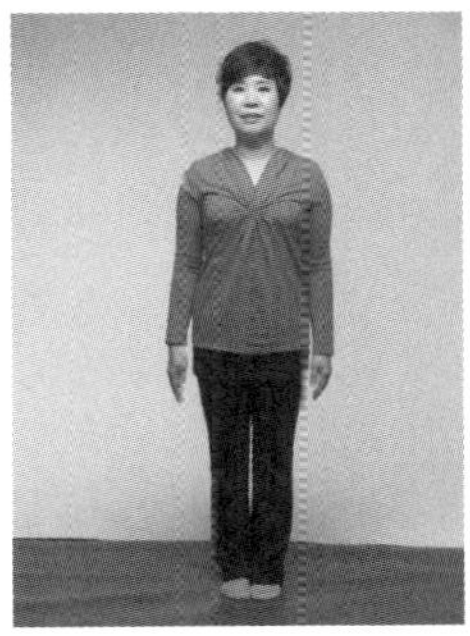
허리 돌리기	두 손으로 허리를 짚고 왼쪽으로 3번, 오른쪽으로 3번 천천히 돌린다.	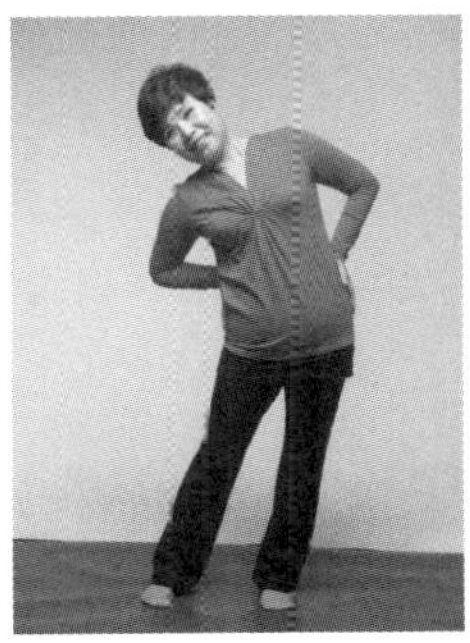

5. 오십견에 도움이 되는 운동

1) 오십견은 염증을 유발하는 질병

오십견은 어깨가 굳어 딱딱해지고 심할 때는 손가락 하나 까딱하기 어려운 통증에 시달린다. 특히 밤에 심해서 잠을 이루지 못하는 경우도 있다.

오십견은 40세부터 70세의 연령층에서 발생하는 질병이며, 50세 이후에 특별한 원인이 없이 나타나는 것이 특징이기 때문에 붙여진 이름이다. 요즘에는 30대에도 생기는 경우가 있으며, 팔을 많이 사용하는 사람이나 주부에게 발생하는 경향이 있다. 오십견은 누구나 겪는 통과의례이므로, 목운동이나 팔운동, 숨쉬기운동 등을 자주 해야 한다.

2) 오십견에 도움이 되는 운동

순서	동작 설명	시범동작
두 손 모아 아래로 뻗기	양손을 깍지 끼고 가슴 앞에 모았다가 손바닥이 바닥으로 향하도록 아래로 뻗는다.	

두 손 앞으로 뻗고 상체 좌우로 틀기	다시 양손을 가슴으로 가져온 뒤 앞으로 뻗은 채 상체를 좌우로 튼다.	
두 손 위로 뻗고 상체 좌우로 숙이기	다시 양손을 가슴으로 가져와 손바닥이 하늘로 향하도록 위로 뻗은 뒤 상체를 좌우로 숙인다.	
팔 들어 크게 돌리기	오른손으로 왼쪽 어깨의 견정혈을 잡고 팔을 크게 돌려준다. 반대로도 한다.	
두 손 뒤로 모아 옆구리 숙이기	양발을 왼쪽 옆으로 가지런히 한 채로 목 뒤에 깍지를 끼고 상체를 왼쪽으로 틀었다가 돌아와 오른쪽으로 숙인다. 3~4회 반복한다. 발의 방향을 바꿔 반대로도 한다.	

6. 변비에 도움이 되는 운동

1) 변비는 병이다

변비가 심해지면 장내에 쌓인 노폐물이 바깥으로 나가지 못하고 장내 혈관을 타고 몸 곳곳으로 퍼져나가게 된다. 또한 간에 부담을 주고 피부에 트러블을 일으키며, 심하면 치질로 이어지기도 한다.

통곡물과 채소 중심의 식사를 규칙적으로 하고 적절한 운동을 하면 변비를 막을 수 있다.

2) 변비에 도움이 되는 운동

순서	동작 설명	시범동작
다리 펴고 상체 숙이기	자리에 앉아 다리를 펴서 벌리고 두 손을 무릎 위에 올려놓은 뒤 상체를 천천히 앞으로 숙인다. 상체를 숙이면서 두 손은 발쪽으로 내려가도록 한다. 3~4회 반복한다.	

무릎누르기	다리를 모아 발바닥을 마주대고 무릎을 눌러준다. 10여 회 한다.	
다리 뻗고 두 손 바닥 짚기	다리를 뻗고 두 손 바닥으로 바닥을 짚는다.	
골반 비틀기	자리에 앉아 다리를 펴서 벌리고 두 손을 무릎 위에 올려놓은 뒤 상체를 천천히 앞으로 숙인다. 상체를 숙이면서 두 손은 발쪽으로 내려가도록 한다. 3~4회 반복한다.	
다리 들어올리기	바닥에 엎드려 두 손을 바닥에 짚고 왼발과 오른발을 번갈아 위쪽으로 들어준다. 3~4회 반복한다.	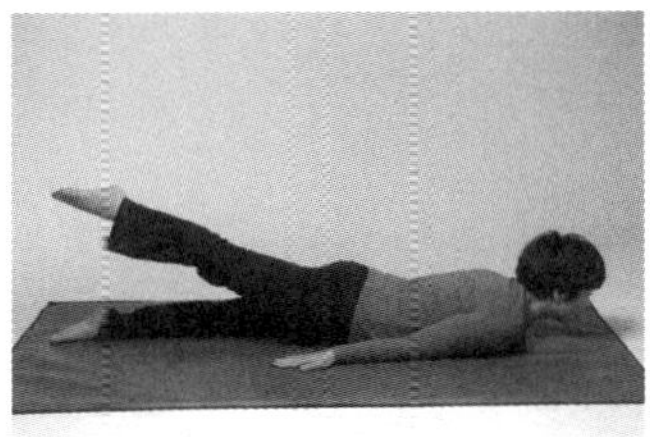

7. 어깨와 등이 뻐근할 때 하는 운동

1) 어깨와 등이 뻐근할 때

예전에는 나이가 든 어른들에게서 어깨와 등이 뻐근한 증상이 나타났지만 요즘은 젊은 층에서도 흔해졌다. 컴퓨터 앞에서 오랜 시간을 보내는 학생이나 직장인들의 어깨와 등에 '신호'가 오면 자세를 점검해봐야 한다.

잘못된 자세는 바로 잡고, 틈틈이 쉬면서 경직된 근육을 풀어줘야 한다. 몸의 경고를 무시한 채 잘못된 자세로 계속 지내다보면 결림이나 통증이 시작될 수 있다. 올바른 자세를 취하는 사람이라도 틈틈이 쉬면서 경직된 근육을 풀어주어야 한다.

2) 어깨와 등 근육을 풀어줄 때 하는 운동

순서	동작 설명	시범동작
목 뒤로 두 손 깍지 끼고 상체 뒤로 젖히기	두 손으로 뒷머리를 짚고 서서 가슴을 펴며 뒤로 젖혔다 천천히 돌아온다. 3~4회 반복한다.	
두 팔을 등 뒤로 깍지 끼고 상체를 좌•우, 위•아래로 스트레칭	두 팔을 뒤로 뻗어 몸통 뒤에서 깍지를 끼고 앞으로 숙였다 뒤로 젖혀 좌우로 흔들어준다. 3~4회 반복한다.	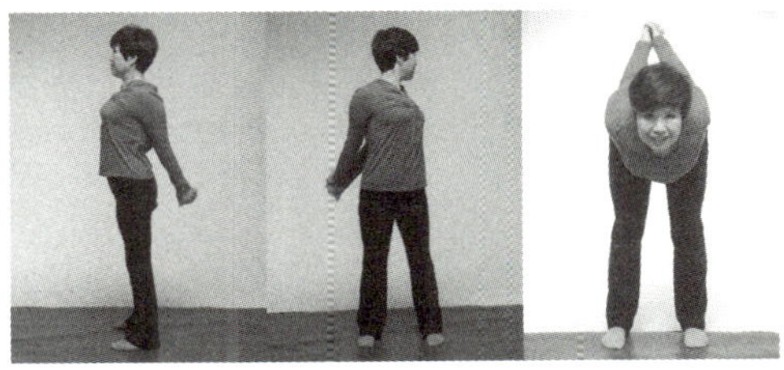
두 손을 등 뒤에서 교차해 잡고 잡아당기기	두 손을 등 뒤에서 교차해 잡고는 잠시 동안 잡아당긴다. 손을 바꿔서도 한다.	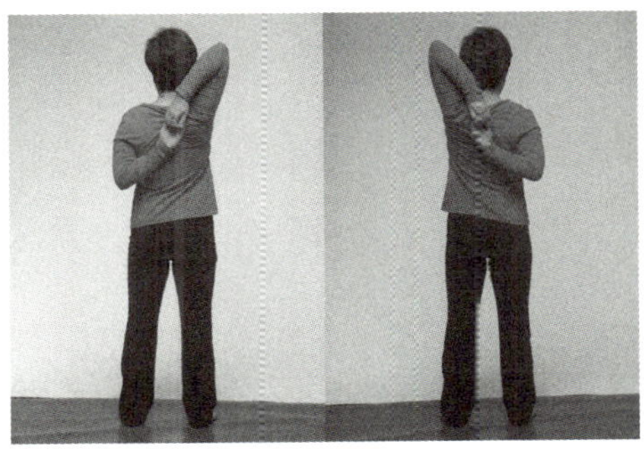

8. 목이 뻣뻣할 때 하는 운동

1) 머리의 무게를 지탱하는 목

머리 아래에 7마디의 경추가 여러 근육과 함께 5~6kg킬로그램에 달하는 머리를 떠받치고 있다. 현대인은 컴퓨터 작업이 많아 늘 고개를 숙이고 산다. 목이 뻣뻣하거나 통증을 느끼면 일상생활의 영향을 받는다.

2) 목이 뻣뻣할 때 하는 운동

순서	동작 설명	시범동작
준비 자세	서거나 앉은 자세에서 양 손으로 허리를 짚는다.	
고개를 앞뒤로 숙이기	먼저 천천히 앞으로 지그시 숙인다. 그러면 등뼈를 따라 엉덩이까지 자극이 가는 듯한 느낌이 든다. 이어 뒤로 지그시 숙인다. 그러면 아랫배 근육까지 자극이 간다. 천천히 하는 게 중요하다. 3회 정도 반복한다.	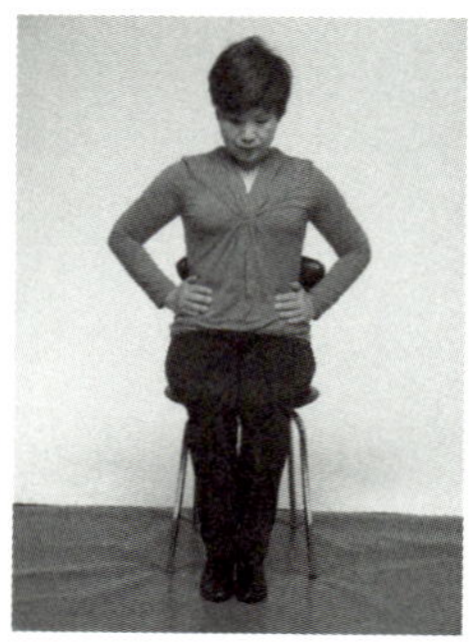

고개를 좌우로 돌리기	이어 고개를 숙인 뒤 왼쪽으로 천천히 돌려 어깨 너머를 넘겨본다고 생각한다. 원래 위치로 돌아온 뒤 오른쪽 어깨 너머를 바라본다. 3회 정도 반복한다.	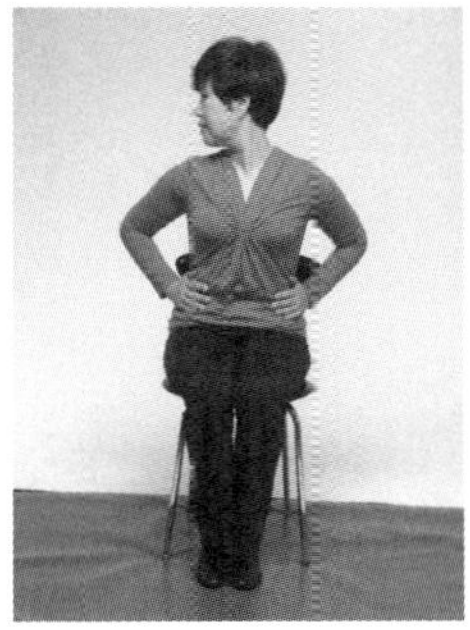
고개를 어깨쪽으로 숙이기	고개를 왼쪽으로 숙여 귀가 어깨에 닿는다는 느낌으로 숙인다. 이때 반대쪽 옆구리에까지 은은히 자극이 오도록 한다. 이어 오른쪽으로 고개를 숙인다. 3회 반복한다.	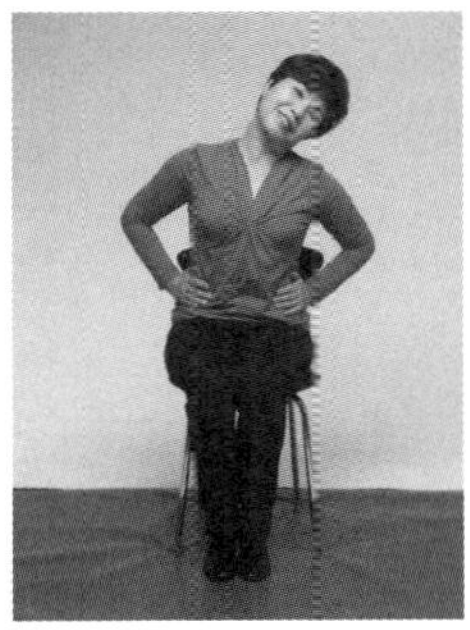
고개 돌리기	고개를 숙인 뒤 왼쪽으로 3회 오른쪽으로 3회 천천히 돌린다.	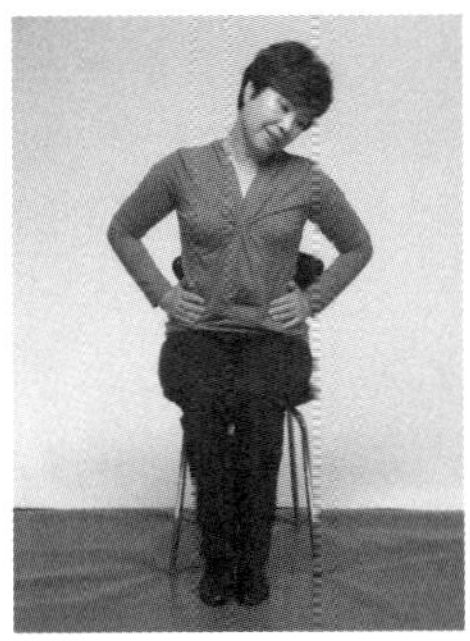
목 마사지	두 손을 뜨겁게 비벼 세수할 때처럼 목을 마사지해준다.	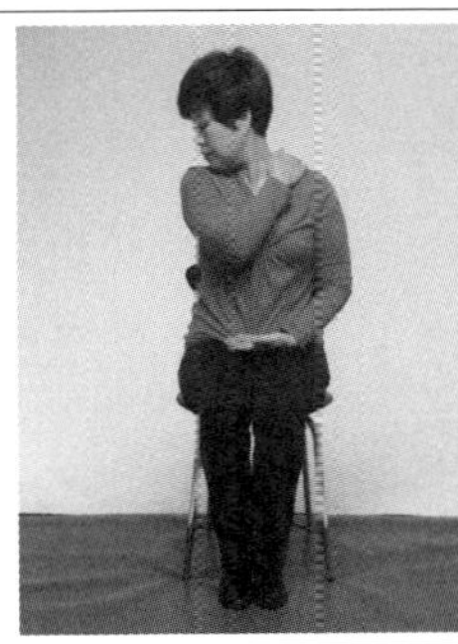

9. 컴퓨터 작업할 때 하는 운동

1) 컴퓨터는 현대 생활의 필수품

하루 종일 책상에 앉아서 오랫동안 컴퓨터 작업을 하면 목, 어깨, 손목 등에 통증이 생길 가능성이 높다. 책상, 의자, 컴퓨터 모니터의 높이 등이 적절하게 조절되지 않거나 바르지 못한 자세로 장시간 컴퓨터를 사용하기 때문에 이러한 증세들이 나타나는 것이다. 피할 수 없는 상황이라도 가끔씩 쉬어야 한다. 50분 일하고 10분 정도 쉬어주는 게 적당하다.

2) 손목과 어깨 통증을 풀어주는 운동

순서	동작설명	시범동작
두 팔을 하늘로 뻗었다 내리기 반복	두 팔을 앞으로 펴서 손등이 하늘로 향하게 한 뒤 천천히 하늘로 들어 올린다. 두 팔을 천천히 아래로 내리되 두 손이 머리를 쓰다듬듯이 내린다.	
두 팔을 좌우로 곧게 뻗기	이어 손바닥이 바깥쪽으로 향하도록 두 팔을 양옆으로 뻗는다. 이때 손은 팔과 직각이 되도록 꺾어준다. 2~3회 반복한다.	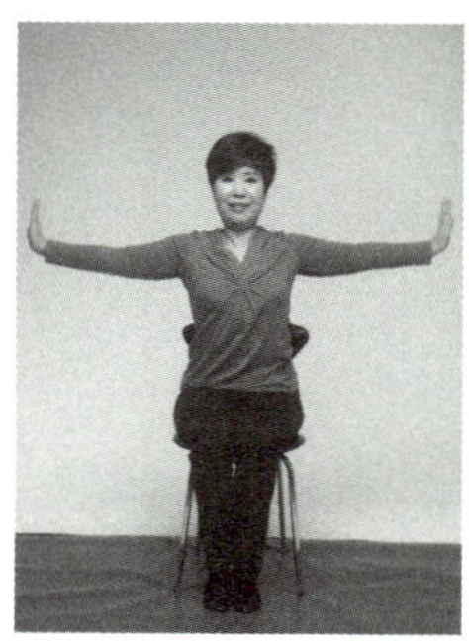

두 팔을 반대 방향으로 뻗어주기	왼팔을 앞으로 뻗은 뒤 오른손으로 왼 팔꿈치를 잡고 오른쪽으로 당긴다. 반대쪽으로도 한다. 3~4회 반복한다.	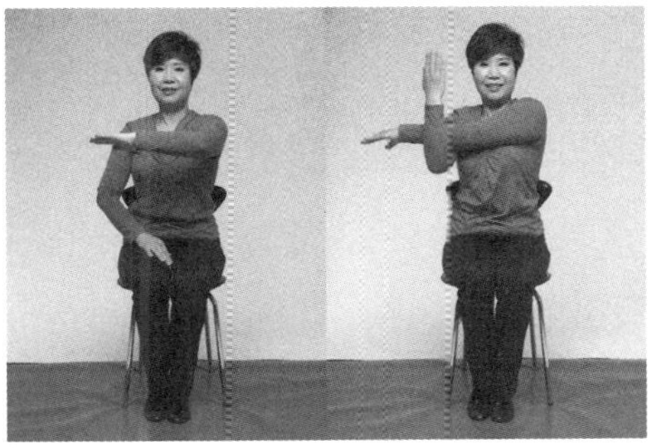
두 팔을 앞으로 뻗어 손바닥 꺾어주기	두 팔을 앞으로 뻗은 뒤 손목을 위로 꺾었다가 다시 손목을 아래로 꺾는다. 3~4회 반복한다.	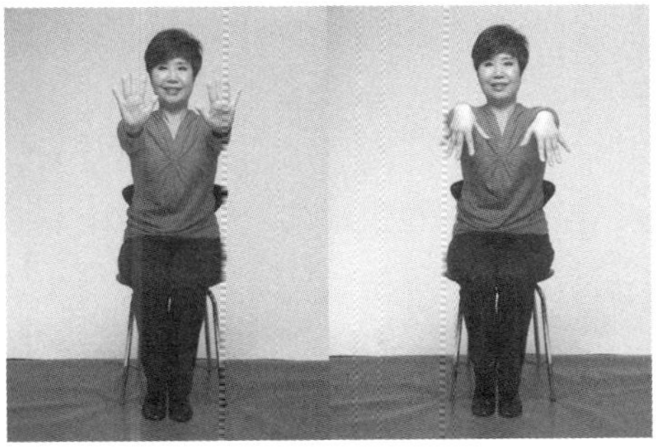
두 손 주먹 쥐고 안쪽 방향으로 돌려주기	가볍게 주먹을 쥔 상태에서 손목을 안에서 밖으로 밖에서 안으로 돌려준다.	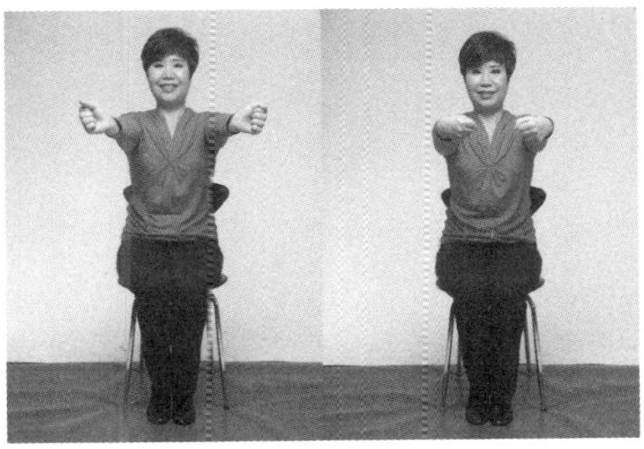
두 손 깍지 끼고 손목 풀어주기	두 손을 깍지 끼고 손등을 위로 향한 상태에서 물결치듯이 손목을 움직여준다.	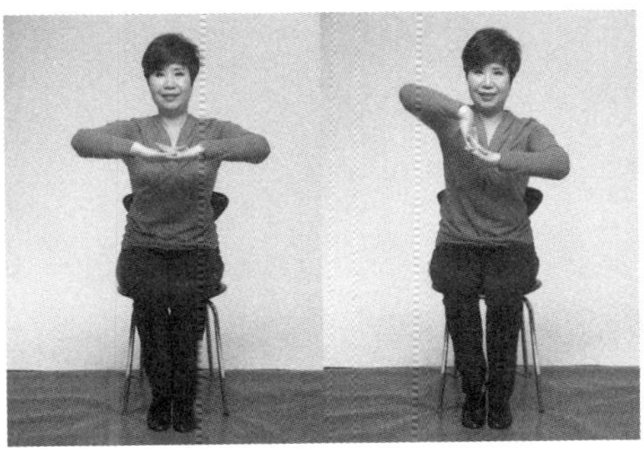

10. 숙면에 도움이 되는 운동

1) 숙면은 깊이 드는 잠이다

잠자는 동안 우리 몸은 자율신경 가운데 부교감 신경이 활성화되어 피로회복과 면역력 증진에 도움이 되는 물질을 분비한다. 밤 11시에서 새벽 3시까지 간과 담의 경락이 활성화된다.

요즈음 잠을 제대로 못자는 사람이 많다. 지나친 스트레스로, 밤늦게까지 텔레비전을 보거나 책을 읽어도 쉽게 잠이 들기 어렵다. 잠자기 전에 몸은 물론 마음과 정신의 활동을 쉬는 게 숙면에 도움이 된다. 잠을 달게 자는 데 도움이 되는 운동이다.

2) 숙면에 도움이 되는 운동

순서	동작 설명	시범동작
주먹으로 실면혈 두드리기	자리에 앉아 왼발을 오른쪽 무릎위에 얹고 오른손으로 발목을 잡은 뒤 왼 손으로 주먹을 가볍게 쥐어 발뒤꿈치 한 가운데 실면혈을 천천히 두드린다. 10회 이상 한다. 반대발도 똑같이 한다.	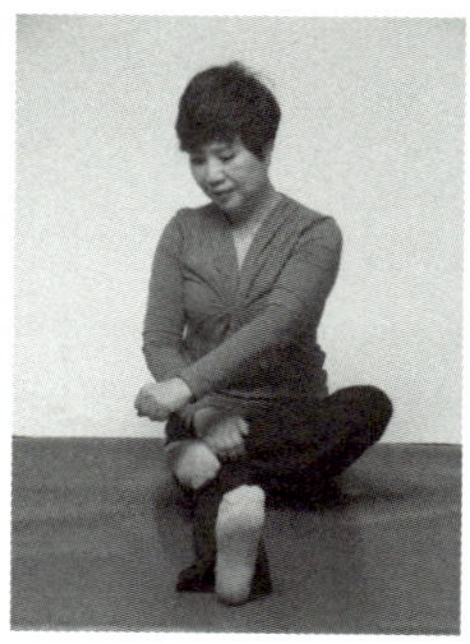
허리까지 자극이 가도록 구르기	무릎을 굽혀 두 팔로 감싸 안고 목을 앞으로 숙인 뒤 뒤로 넘어졌다 앞으로 일어나는 방식으로 구르기를 한다. 처음에 허리까지 자극이 가도록 5~6회 반복한다.	

	구를 때 목을 옆으로 돌리면 목 주위 근육이 다칠 수 있으니 주의한다.	
등까지 자극이 가도록 구르기	같은 방식으로 등까지 자극이 가도록 5~6회 구른다.	
목 뒤편까지 자극이 가도록 구르기	이번에는 목 뒤편 대추혈까지 자극이 가도록 구른다.	
심호흡 하기	편안하게 누워서 심호흡을 한다. 이어 숨을 가볍게 들이마시고 내쉴 때 마음의 눈으로 꼬리뼈 앞쪽을 바라본다.	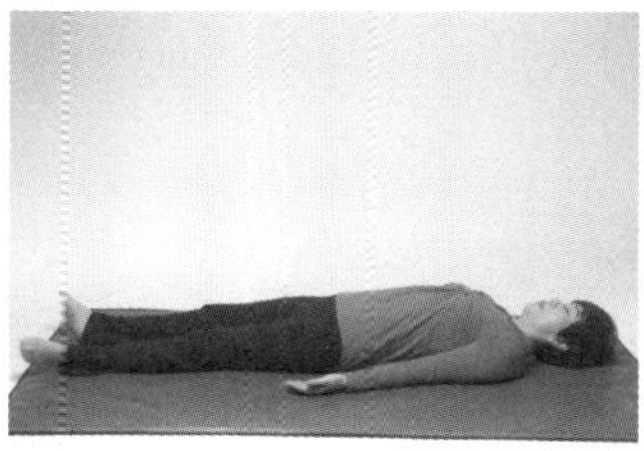

11. 하체운동

1) 하체를 강화하는 스커트

엉덩이, 허벅지 전체, 종아리 부위의 근육을 강화하는 기본운동으로 에너지 소모가 많은 하체 운동이다.

2) 하체를 강화시키는 운동순서

운동순서	동작 설명	시범동작
종아리에 힘주기	양다리를 어깨너비로 벌리고 양손은 머리 뒤로 깍지를 낀다.	
허벅지에 힘주기	등은 곧게 펴고 숨을 들이마시며 무릎이 엉덩이와 일직선이 되도록 앉는다.	

엉덩이에 힘주기	숨을 내쉬면서 천천히 일어난다. 5회 반복한다.	

12. 종아리 운동

1) 카프레이즈라는 종아리 운동

종아리 근육에는 대표적으로 무릎관절을 지나는 다관절 근육인 비복근과 무릎관절을 지나지 않는 단관절 근육인 가자미근이 있는데, 종아리 운동은 발을 지탱할 뿐만 아니라 걷거나 뛰는 데 중요한 역할을 한다. 그리고 혈액순환을 돕고 부종을 없애준다. 몸의 중심이 잘 잡히지 않은 사람은 손바닥을 벽에 대거나 의자 등을 잡고해도 무방하다.

2) 종아리를 강화시키는 운동

운동순서	동작 설명	시범동작
종아리에 힘주기	양다리를 조금 벌리고 등을 곧게 편다. 허리에 손을 얹고 뒤꿈치를 올렸다 내렸다 반복한다.	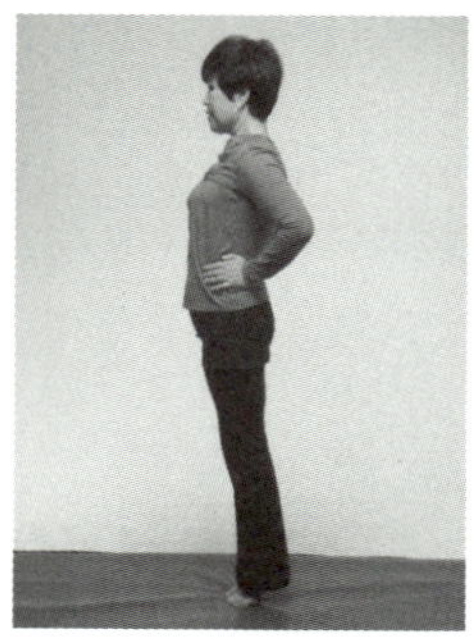
앞 뒤꿈치에 힘주기	앞꿈치와 뒤꿈치를 올렸다 내렸다 30초씩 반복한다.	

13. 근육단련운동

1) 아이소메트릭스 운동

몸 전체를 움직이지 않고 근육을 단련하는 아이소메트릭스 운동은 자신이 근육에 낼 수 있는 힘의 70%를 발휘하여 7초 정지하는 운동이다. 좁은 공간에서 일을 하거나 장시간 컴퓨터 앞에서 앉아 있느라 다리가 붓고 저리는 사람에게 도움이 되는 운동으로 짧은 시간에 온 몸의 근육을 단련시킬 수 있다.

2) 근육을 단련시키는 운동

운동순서	동작 설명	시범동작
손 마주잡기	가슴 앞에서 손을 맞잡고 7초 동안 힘을 주어 잡아당긴다.	
양손 마주잡고 머리 뒤로 올리기	양손을 머리 뒤로 올려 양손가락을 마주 걸고 7초 동안 세게 잡아당긴다.	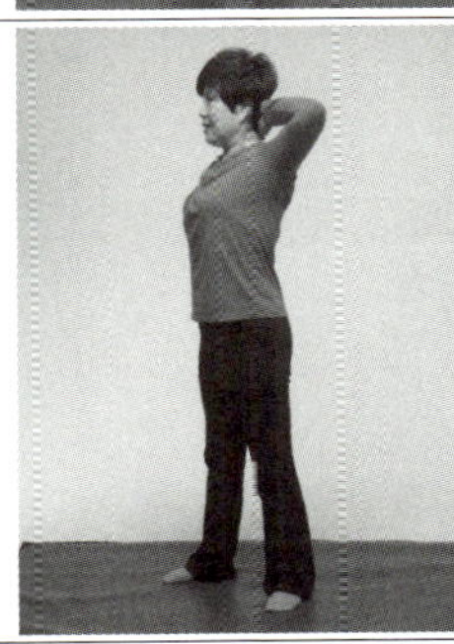

양손 머리 뒤로 돌리고 배에 힘주기	양손을 머리 뒤로 돌리고 반듯하게 선 자세로 7초 동안 배에 힘을 준다.	
양손 머리 뒤로 돌리고 양다리에 힘주기	양손을 머리 뒤로 돌리고 반듯하게 선 자세로 7초간 양다리에 힘을 준다.	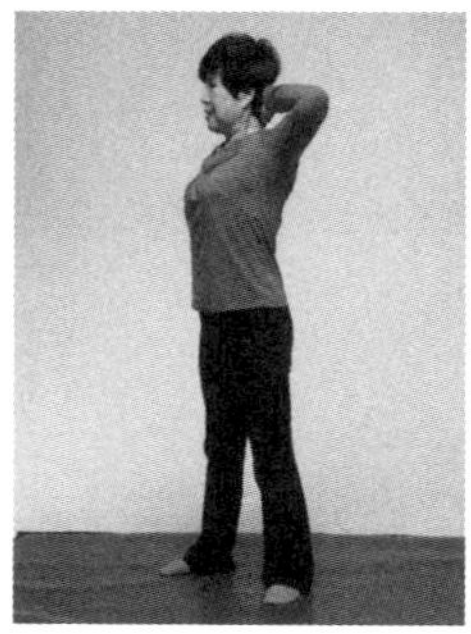
배에 힘주고 양발바닥 힘주기	앉은 자세에서 배에 힘을 주고 양발바닥을 바닥에서 1센티 정도 뗀 후 7초 동안 견딘다.	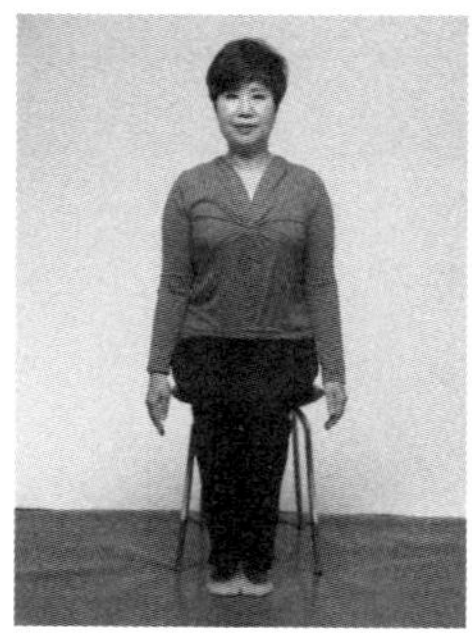
팔로 무릎 안아서 정강이 밀어내기	팔로 무릎을 안아서 끌어당기고, 정강이를 바깥으로 밀어내도록 힘을 넣는다. 좌우 양쪽을 각각 한다.	

무릎 구부리고 엉덩이에 힘주기	무릎을 구부리고 7초 동안 엉덩이에서 다리에 걸쳐 힘을 준다.	
발끝으로 힘주기	발끝으로 똑바로 선 채 힘을 주고 7초 동안 유지한다.	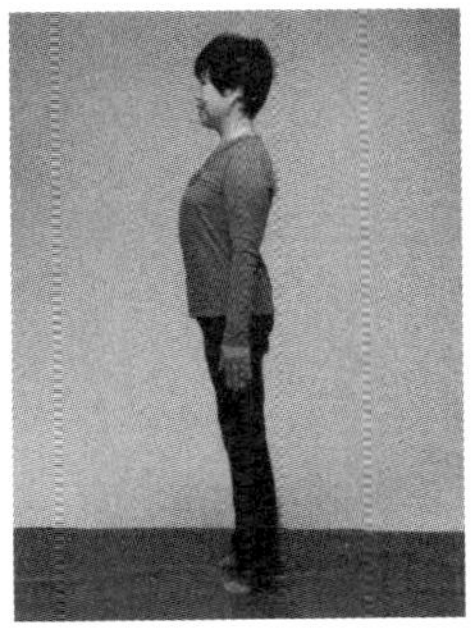

14. 균형 잡기 운동

1) 밸런스운동

한쪽 눈을 감은 자세로 서서 균형을 잃지 않고 시간을 측정하는 운동이다. 나이를 먹으면 중심이 흔들리는 정도가 심하다. 평형감각을 단련하는 운동을 하면 근육이 단련되고 관절 범위도 넓어진다.

2) 균형을 맞추기 위한 운동순서

운동순서	동작 설명	시범동작
양팔 벌리고 왼쪽다리 들어올리기	양팔을 옆으로 벌리고 왼쪽 다리를 들어 올린 후 7초 동안 유지한다. 오른쪽 다리도 마찬가지로 운동한다. 몇 번 반복한다.	
양손 양 무릎 바닥에 대고 오른손과 왼쪽 다리 바닥에서 떼어 지면과 평평하게 하기	양손과 양 무릎을 바닥에 대고 오른손과 왼쪽 다리를 바닥에서 떼어 지면과 평평하게 곧게 펴고 7초 동안 유지한다. 몇 번 반복한다.	

10장

노인과 전통놀이

전통놀이는 민족의 특수한 문화와 역사가 녹아 있다. 우리나라의 대표적인 전통놀이 윷놀이는 제례의식이 깃들여 정월 초 한 해의 풍년과 운수, 그리고 마을의 안녕을 점쳤다. 이렇듯 우리 민족은 소소한 놀이 안에 자신의 염원을 풀어냈다.

우리는 놀이를 통해 개인의 소망뿐만 아니라 역사의 상처를 해소하기도 하였는데 일제강점기 때 우리 민족은 줄다리기를 통해 민족의 단합을 꾀하였다. 그리고 6·25전쟁 이후에 등장한 삼팔선놀이는 삼팔선을 넘나드는 행위를 통해 이념 갈등을 해소하는 역할을 했다.

현대에 와서 전통놀이는 사람들에게 점점 잊히고 있다. 전통놀이를 보존하기 위해 각 지자체에서는 전통놀이 행사를 추진하기도 하고 전통놀이 보급을 위해 교육체험활동을 운영하는 등 많은 노력을 기울이고 있다.

실버 전통놀이는 혼자서 하는 놀이보다 노인들과 직접 만들고 함께 참여하는 활동프로그램이며 노인들에게 추억을 회상하며 동심으로 돌아갈 수 있는 놀이다.

1. 실뜨기

1) 놀이의 유래

실을 이용한 놀이가 언제부터 시작되었는지 정확히 알 수 없지만 어려서부터 놀이문화의 한 부분이었다. 우리 주변에서 쉽게 구할 수 있는 실이나 노끈을 활용한 실뜨기는 어디서든 가능하다. 실뜨기는 혼자서도 할 수 있고 둘이서도 가능한 놀이다. 둘이서 함께 마주보며 하는 실뜨기는 매우 정감 있는 놀이라고 할 수 있다.

하지만 다른 나라에서 혼자 하는 실뜨기의 형태는 2000여 가지가 된다고 한다. 혼자 하는 실뜨기가 우리나라에서는 낯설지만 한번 해보면 나름대로 색다른 재미가 느낄 수 있다.

2) 실뜨기 놀이의 효과

노인들은 실뜨기를 어려서부터 하고 놀았던 익숙한 놀이이기 때문에 동심으로 돌아갈 수 있다. 손은 제2의 뇌라고 말처럼 손가락 운동은 뇌신경을 자극하여 두뇌발달을 촉진한다. 따라서 실뜨기 놀이는 두뇌발달뿐만 아니라 단계를 해결하면서 성취감까지 얻을 수 있어 교육적 효과가 뛰어나다.

(1) 날틀 실뜨기 놀이

혼자서 하는 실뜨기 놀이로 실뜨기의 기본이 되는 놀이이며 '장구'다고도 한다. 순서는 아래와 같다.

① 양손의 손가락 둘레에 실을 건다.

② 다시 한 번 더 실을 감아 양손에 고리를 한 번 더 만든다.

③ 오른손 가운뎃손가락으로 왼손 바닥에 있는 실을 건다.

④ 왼손도 같은 방법으로 당기면 '날틀'의 모양이 형성된다.

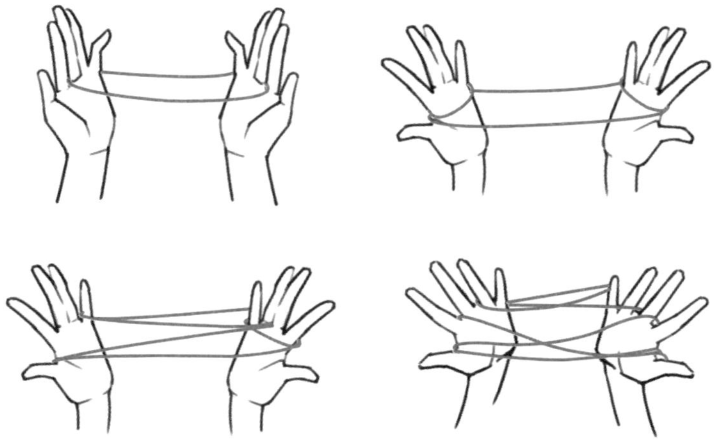

(2) 바둑판 실뜨기 놀이(쟁반놀이)

(1)번 날틀 상태에서 하는 놀이다.

엄지손가락과 집게손가락으로 실이 교차하는 곳(X)을 잡고 밖으로 잡아당긴다. 밑에서 위로 올려 뜨고, 잡고 있던 실을 놓으면 바둑판 모양이 만들어진다.

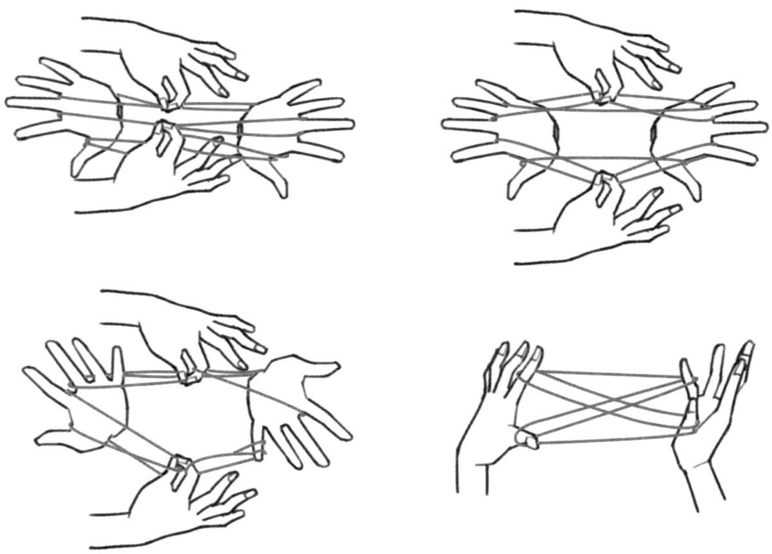

(3) 젓가락 실뜨기 놀이

(2)번 바둑판 실뜨기 상태에서 실이 교차한 곳에 엄지손가락과 집게손가락을 세워 잡은 채로 위로 올린다. 그다음 다시 밖으로 잡아당겨 양손을 바깥쪽에 있는 실의 아래로 빙 돌려 가운데 비어 있는 공간으로 뜬다. 그런 다음 잡고 있던 실을 놓고 양손 엄지손가락과 집게손가락을 벌려 양쪽으로 잡아당기면 젓가락 모양이 된다.

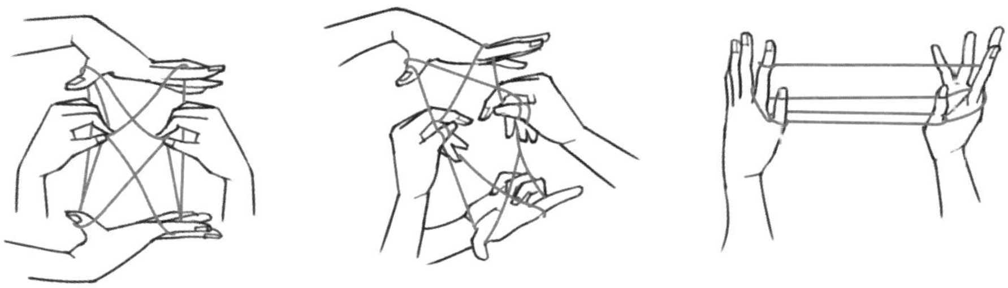

(4) 베틀놀이(절구통놀이)

(3)번 젓가락 상태에서 아래 그림과 같이 오른손 새끼손가락으로 왼쪽 실을 걸어 당기고, 왼손은 반대편의 실을 같은 방법으로 걸어 당긴다. 그런 다음 새끼손가락으로 잡은 채 엄지손가락과 집게손가락을 펴 위로 뜨면서 잡고 있는 실을 놓으면 베틀 모양이 된다.

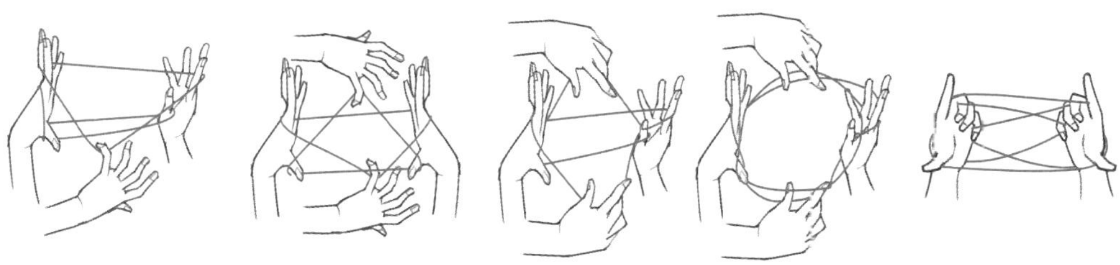

(5) 소눈깔놀이(비행기)

(2)번의 바둑판 놀이 상태에서 X자 교차점을 엄지손가락과 집게손가락으로 잡고, 실을 위쪽으로 들어 바깥쪽으로 나온다. 그리고 바깥쪽 실을 지나 아래에서 위쪽으로 올려 뜬 다음, 실을 놓으면 소눈깔이 된다.

(6) 톱질하기 놀이

(1)번 날틀 상태에서 시작한다. 한 사람이 먼저 날틀을 만들면 다음 사람이 X줄 밑으로 걸린 한쪽 줄을 잡는 한편, 반대쪽의 가로 걸린 줄을 입으로 물고 가운뎃손가락에 걸린 줄이 벗겨지지 않도록 조심해서 안으로 내려 뽑는다. 이렇게 하면 톱질하기가 완성된다. 톱질하기는 서로 잡고 이리저리 당기면, 마치 톱질할 때처럼 실이 엇갈려 왔다갔다한다고 해서 붙여진 이름이다. 앞에서 설명한 각 모양을 평면도로 보면 아래와 같다.

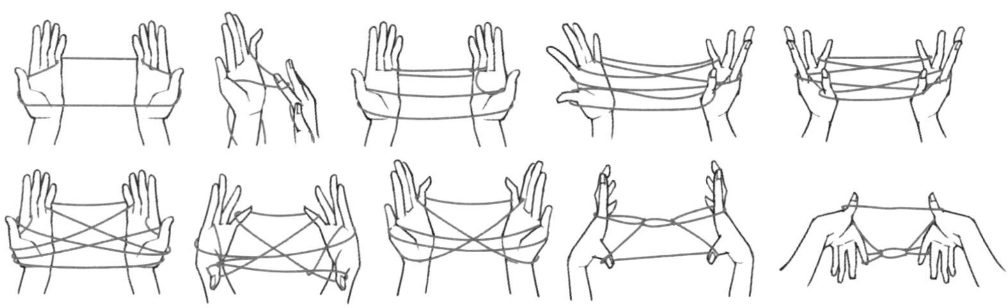

* 실을 떠가는 중에 손가락을 잘못 걸거나 움직이면 실이 풀어지거나 엉켜 더 이상 놀이를 할 수 없게 되는데 이런 사람이 지는 것이다.

출처: [네이버 지식백과] 실뜨기. 문화콘텐츠닷컴 (문화원형백과 전통놀이).

2. 그림자놀이

전기가 공급되지 않았던 어린 시절 촛불이나 등잔불의 불빛에 손을 움직여 벽이나 창문에 여러 모양의 그림자를 만들었던 놀이다. 전기가 일반화되기 전까지 주로 겨울의 긴 밤에 널리 행해졌던 놀이로, 동물의 모양부터 작은 소도구를 이용한 복잡한 방법까지 다양하다.

1) 놀이의 유래

그림자놀이를 인도는 '손가락 예술(finger art)'이라 표현하며 전문적인 수련을 쌓은 예능인에 의해서 상당한 예술적 수준을 이루고 있다고 한다.
그림자놀이는 이와 같이 원시시대부터 단순한 모양 만들기로 시작하여 예술로까지 발전하여 놀이와 예술을 오가며 오늘날까지 이어지고 있다.

2) 놀이의 방법

그림자놀이는 불빛과 비칠 장소에서 간단하게 할 수 있는 놀이다. 한 손 또는 두 손으로 개, 여우, 주전자 등의 동물이나 사물의 모양을 만드는 놀이다.
손으로 모양을 만들어 알아맞히거나 요구하는 모양을 만드는 게임을 할 수도 있다. 만드는 사람이 개를 만들었다면 나머지 사람이 개라고 맞히는 것이고, 여우를 만들어보라고 하면 상대편에서 그 모양을 만드는 것이다. 보통 어려운 모양보다는 그 동안 만들어보았던 쉬운 것을 만들게 하는데, 종이나 나무막대 등을 이용할 수도 있다. 어느 정도 숙달되면 간단한 그림자 연극을 해볼 수 있다.
다음은 손으로 만든 그림자이다.

3) 그림자놀이 특성

왜 그림자가 생길까?· 이것은 빛의 곧게 나가는 성질로 인해 생긴다. 이 놀이를 하면서 빛의 성질을 저절로 알게 되며, 다양한 형태의 그림자를 만드는 가운데 창의성과 예술성이 길러진다. 또한 노인에게 호기심과 상상력을 키울 수 있는 기회를 제공하면서 색다른 재미를 느낄 수 있도록 한다.

출처: [네이버 지식백과] 그림자놀이. 문화콘텐츠닷컴 (문화원형백과 전통놀이).

3. 칠교놀이

정사각형의 평면을 일곱 조각내어 여러 형상을 꾸미며 노는 놀이다. 이 놀이를 하면 지혜가 길러진다고 해서 지혜판(智慧板)이라고도 하고, 손님을 머무르게 한다고 해서 유객판(留客板)이라고도 하며, 서양에서는 탱그램(Tangram)이라고 한다.
혼자 할 수도 있고, 2명 이상일 경우 편을 나누어 겨루기 형식을 띠기도 한다. 여러 조각맞추기 놀이가 많지만, 일곱 개 도형의 구성이 치밀하고 완성도가 높아 칠교(七巧)를 따라갈 놀이가 없다.

1) 놀이의 유래

칠교가 중국에서 창안되었다고 하는데, 언제부터 시작되었는지는 확실히 알 수 없다. 이 놀이는 매우 재미있고 누구나 쉽게 할 수 있기 때문에 경기도를 중심으로 중부지방 일대에 비교적 늦게까지 남아 있었다.
19세기 초에 유럽과 미국으로 전해져 널리 행해졌는데, 초기에는 칠교 안에 구체적인 사물을 그려넣음으로써 일반인이 칠교에 쉽게 접근할 수 있도록 하였다.
두꺼운 종이를 활용하여도 무방한 놀이다.

2) 놀이 방법

(1) 놀이도구의 제작

나무판 또는 두꺼운 종이로 만드는데 보통 사방 10센티미터 정도의 크기로 만든다. 나무판의 재료로는 보통 피나무, 버드나무, 살구나무, 은행나무를 많이 사용하는데, 표면은 옻칠을 해서 오래 사용할 수 있도록 하였다.
그림에서처럼 삼각형 큰 것 2개, 작은 것 2개, 마름모꼴(평행사변형) 1개, 정사각형 1개, 중간 삼각형 1개로 만드는데 넓이는 작은 삼각형을 '1'로 했을 때 중간 삼각형, 마름모꼴, 정사각형은 '2'에 해당하고 큰 삼각형은 '4'에 해당한다.

(2) 놀이방법

① **혼자 하는 경우**: 일곱 개의 조각판을 모두 이용하여 칠고도(七巧圖)를 보면서 만드는데, 칠교도는 주제에 따라 다양하다. 다음은 주제에 따른 칠교도의 예다.

[숫자칠교]

[동물칠교]

[한글칠교]

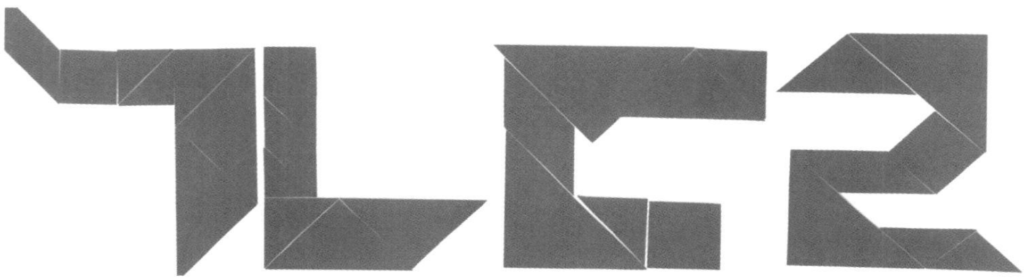

[건물칠교]

[사람칠교]

② **2명 이상 여럿이 하는 경우:** 편을 나누어서 하는데, 상대편이 지정한 형태를 여럿이 지혜를 모아 만들어내야 한다. 예를 들어 상대편에서 "토끼를 만들어보시오."라고 문제를 제시하면, 칠교도에서 토끼를 찾아 만들어야 한다. 이때 일곱 개의 조각 모두를 사용해야 한다.

문제를 낸 쪽에서는 놀이하기 전에 정한 수를 세고 이에 상대편이 갖춘다. 맞추면 1점을 얻고 맞추지 못하면 점수가 없다. 그다음에는 칠교판을 상대편에게 넘겨주고 위와 같은 방법으로 한다. 놀이를 시작하기 전에 10점 또는 20점을 나기로 정하고 놀이를 시작한다. 두 편 중에 먼저 정해진 점수를 내면 이기므로 각 편에서는 되도록 상대편이 만들기 어려운 것을 골라 제시한다.

(3) 놀이의 특징

칠교는 지적 발달에 도움을 주는 지혜판이라고도 부른다. 일곱 개의 조각을 이렇게 저렇게 놓아보면서 정해진 형태를 만드는 과정에서 창의력이 길러지고 도형감각을 익히며, 주어진 형태를 만들었을 때 큰 만족감을 얻는다. 또 주어지지 않은 것을 창작함으로써 상상력·창의력이 길러진다.

이 놀이는 때와 장소에 구애받지 않는다. 특히 혼자서도 놀 수 있기 때문에 여가시간을 활용하는 데 유용하다.

(4) 기타

칠교로 만들 수 있는 형태는 다양한 방법으로 활용하여 무궁무진하게 만들 수 있다. 현재 전 세계인들이 독창적인 새로운 모형을 개발하여, 그 모양이 무려 1만 여 가지가 넘는다고 한다. 그 많은 형태가 단 일곱 개의 조각으로 만들어지므로 '교묘한 조각'이라고 말하기도 한다. 단 일곱 개의 조각을 빼지도 더하지도 않고, 검은 그림자처럼 교묘하게 움직이는 변화무쌍한 칠교의 신비스러운 힘은 예술적이면서 과학적이고 심지어 유머러스한 면도 있다.

출처:[네이버 지식백과] 칠교. 문화콘텐츠닷컴 (문화원형백과 전통놀이).

4. 투호놀이

예쁜 항아리를 뜰 가운데 놓고 일정한 거리만큼 떨어져서 화살처럼 만든 청과 홍의 긴 막대기를 던져서 어느 편이 더 많이 항아리 속에 던져넣느냐를 겨루는 놀이로 옛날 궁중에서 여자들이 많이 했다고도 한다. 중국 당나라에서 시작되어 우리나라에 건너와 고구려, 백제 때 궁중 상류사회 사람들이 즐겼던 놀이로 조선시대 때에는 임금이 경회루에서 직접 즐겼다는 기록이 남아 있다.

혼자 또는 여럿이 함께 할 수 있는 놀이이다.

5. 윷놀이

누구나 다함께 할 수 있는 놀이로 가장 서민적인 성격을 지닌 놀이다. 남자들은 마당에 멍석을 펼쳐놓고 여자들은 안방이나 마루방에 방석을 깔아놓고 윷가락을 내던지며 놀았다. 지방성을 띄지 않고 전국에 널리 분포되어 있다. 윷을 번갈아 던져 나온 결과대로 도, 개, 걸, 윷, 모 중 하나에 맞춰 말 네 개를 윷판 위에 놓는다. 먼저 말 네 개가 윷판의 최종점을 나오는 편이 이긴다.

크게 장작윷, 밤윷(싸리윷)으로 나뉘는데 장작윷은 엄지손가락 두께 한 뼘 길이 막대기로 만들어 손으로 잡고 던지며, 밤윷은 한 치 길이 새끼손가락 굵기로 나무를 깎아 만들어 종지에 담거나 손바닥 안에 담아 던진다.

6. 비석치기

비석치기는 돌을 갖고 여러 동작으로 상대편 돌을 맞히는 놀이다. 이 놀이의 유래는 알려져 있지 않지만 아마 인류가 돌을 이용한 석기시대부터가 아닌가 생각된다. 당시 돌은 사냥의 도구로 사용되었을 것이다. 처음에는 멀리 있는 동물이나 사냥감을 맞히는 능력이 필요했을 것이고, 시간이 지남에 따라 정확히 맞히는 능력과 점점 더 많은 사냥감을 잡기 위해 평소에 연습이 필요했을 것이다.

그래서 돌을 세워놓고 정확히 맞히는 연습을 하지 않았을까 생각된다. 이런 과정에서 다양한 방법으로 돌을 맞히는 활동들이 생각났을 것이다.

이와 같이 여러 사람, 수많은 시간들이 흘러 지금의 비석치기 놀이로 발전되었을 거라 추측해본다.

마찬가지로 우리가 만든 오늘날의 놀이가 수많은 시간을 거쳐 많은 사람에 의해 놀아진다면 훌륭한 전래놀이로 발전할 것이다.

7. 강강술래

전라남도의 해안지방에서 가장 많이 볼 수 있는 강강술래는 민족의 최대 명절인 추석을 전후하여, 달밤에 여자들이 노래와 함께 원무를 추는 놀이다. 마침 추수를 거둔 시기여서 햇곡으로 지은 음식과 술을 차려놓고 조상에게 제례를 드린 후, 축제를 벌이는 것이다. 달빛이 휘황한 가을밤의 강강술래는 신비로운 느낌을 갖게 하는 환상적인 분위기 속에서 진행된다.

남성이 참가하지 않는, 여성만의 이 놀이는 동네의 아낙네들이 손에 손을 잡고 커다란 원을 그린 후, 빙빙 돌면서 춤을 추는데 도중에 '문턱넘기놀이', '멍석말이놀이', '남생이놀이', '쥐잡기놀이' 등을 함께 섞어서 한층 흥을 돋우기도 한다.

특히 임진왜란 때 이순신 장군의 일화와 관계가 있는 이 놀이는 병사의 수가 모자라, 인근 마을의 부녀자들로 하여금 산 위에 올라서 원무를 추게 하여 그 숫자가 많은 것처럼 보이게 함으로써, 왜적의 사기를 꺾었다는 이야기로 유명하다

8. 어르신과 함께하는 전래놀이

1) 고령화시대에 발맞추어 신체적 기능이 쇠퇴되지 않도록 운동능력을 향상시킨다.
2) 과거를 회상하며 심리를 안정시키고 정서를 풍요롭게 하며 자아존중감을 증진시킨다.
3) 언어발달과 인지능력발달을 촉진하고 공동체 의식을 함양시켜 치매 예방을 한다.

< 어르신과 함께하는 전래놀이 1일 강의계획서 >

구 분	내 용	시간(분)	곡명	세부사항
메시지	○전래놀이란 무엇인가? ○전래놀이의 필요성	5		인사나누기
엔돌핀 나누기	○좌뇌, 우뇌 치매예방 레크리에이션 ○신나는 음악에 맞추어 박수체조 하기 (학습자들의 친밀한 학습 분위기 조성)	5		레크레이션을 통한 웃음으로 마음의 문 열기
다같이 불러보기	○〈아침바람 찬바람에〉, 〈우리집에 왜왔니〉, 〈두껍아 두껍아〉, 〈여우야 여우야 뭐하니〉, 〈이거리 저거리 각 거리〉	20		과거를 회상하며 즐거운 마음으로 큰소리로 따라부르기
율 동	○흥겨움을 몸으로 표현하기 ○치매예방 체조와 함께 ○〈아리랑〉, 〈밀양아리랑〉, 〈진도아리랑〉 등	25		율동를 통해 신체 전체부위를 이완시키고 질병을 예방한다.
명 상	○나를 찾아가는 시간 ○복식호흡, 마무리 인사(덕담 나누기)	5		편안한 호흡을 통해 근심걱정 내려놓는다. (자신감 회복, 성취감 고취)

11장
노인여가지도사
실기지도

노인여가지도사의 실기지도는 노인들의 상황이나 특성에 맞게 프로그램을 구성한다. 프로그램을 구성할 때 고려할 사항은 아래와 같다.

○ 온몸을 고루 움직여 관절과 근육의 위축을 방지할 수 있도록 한다.

○ 신체에 무리가 가지 않도록 동작을 유연하게 구성한다.

○ 좁은 공간에서도 동작이 가능하며, 인원의 많고 적음에 관계없이 자유로이 실시할 수 있도록 한다.

○ 노인, 회복기 환자, 일반인 누구나 각자의 운동의 능력에 맞춰 회수를 자유롭게 증감하여 실시할 수 있도록 한다.

○ 마음열기로 서로 인사를 하여 분위기를 편안하고 즐겁게 한다.

○ 귀에 익은 동요(고향의 봄)에 맞춰 흥미롭게 따라할 수 있도록 한다.

○ 각 자의 상황에 따라 선택하여 실시할 수 있도록 한다.

1. 마음열기

1) 오프닝 멘트

강사 본인의 소개와 계절인사, 건강인사, 웃음인사, 박수인사로 시작한다.

2) 인사하기

(1) 박수로 시작

박수 한 번 시작
박수 두 번 시작
박수 세 번 시작
박수 다섯 번 시작

(2) 서로 보며 인사하기

서로 마주 보며 반갑게 인사합시다.
안녕하세요(반갑게 서로 마주보며 웃으면서 손을 내밀어 인사한다)
주먹 쥐고 손을 펴서 손뼉치고 주먹 쥐고 또다시 펴서
옆 사람에게 악수하며 반갑습니다 반갑습니다 반갑습니다
주먹 쥐고 손을 펴서 손뼉치고 주먹 쥐고 또다시 펴서
옆 사람에게 악수하며 환영합니다 환영합니다 환영합니다

(3) 행동으로

싱글 싱글 싱글(두 손을 펴서 바깥쪽으로 원을 그린다)
싱글 싱글 싱글(두 손을 펴서 안쪽으로 원을 그린다)
벙글 벙글 벙글(두 팔로 나를 감싸 안는다)
우리 모두 인사합시다(두 팔로 나를 감싸 안는다)
"안녕하세요"(서로 마주보며 웃으면서 손을 내밀어 인사한다)
싱글(두 손을 바깥쪽으로 펴서 바깥쪽으로 원을 그린다) 랄라라라
싱글(두 손을 안쪽으로 펴서 바깥쪽으로 원을 그린다) 싱글벙글해
싱글~ 랄랄라~ 벙~글 싱글벙글해(박수 3 번)

(4) 스킨십

옆 사람과 인사(나는 당신을 만나서 정말 행운아입니다)
머리 주무르면서(건강하게 사세요. 행복하게 사세요)
어깨 주무르면서(사랑받고 사세요)
등을 긁으면서 시원하게 사세요
두드리면서 둥글리면서 둥글둥글 옆구리 간질하면서(짜릿하게 사세요. 하하하하하하 한바탕 웃는다)
옆 친구와 악수(제 짝이 되어주어서 정말 고맙습니다)
오 우 예(웃음)
얼굴에 주름을 지우면 상품이 되고 미소를 더하면 명품이 됩니다
오늘하루 근심은 뺄셈 행복은 덧셈 웃음은 나눗셈
웃으면 백설공주 웃지 않으면 뱃살공주 많이 웃으면 왕자
크게 길게 온몸으로 웃는다. 한번 웃어볼까요
아 하하하하하 하 전체 박장대소

2. 정거장 놀이

1. 전체를 두 명씩 짝을 짓게 한다.
2. 두 명이 서로 마주보게 하여 두 개의 커다란 원을 만든다(안쪽 원과 바깥쪽 원).
3. 4박자 음악에 맞추어 다음과 같이 율동을 한다(어느 음악이든 좋으나 동요나 가요가 알맞다).

① 1-4박자: 자기 손뼉 2번 치고 상대편과 오른쪽 어깨끼리 2번 부딪힌다.
② 5-8박자: 자기 손뼉 2번 치고 상대편과 왼쪽 어깨끼리 2번 부딪힌다.
③ 9-12박자: 자기 손뼉 2번 치고 상대편과 오른쪽 엉덩이끼리 2번 부딪힌다.
④ 13-16박자: 자기 손뼉 2번 치고 상대편과 왼쪽 엉덩이끼리 2번 부딪힌다.
⑤ 17-20박자: 자기 손뼉 2번 치고 상대편과 오른발끼리 2번 부딪힌다.
⑥ 21-24박자: 자기 손뼉 2번 치고 상대편과 왼발끼리 2번 부딪힌다.
⑦ 25-32박자: 짝끼리 팔짱을 끼고 한 바퀴 돈 후 바깥쪽에 있는 사람이 오른쪽으로 한 칸 가서 짝을 바꾼다.

* 전주곡이나 간주곡 등 가사가 나오지 않는 부분은 짝끼리 두 손을 잡고 제자리에서 뛴다.

4. 율동을 하다가 지도사는 짝이 바뀐 중간중간 '서울역', '대전역', '이리역', '부산 역' 등 정거장 이름을 부른다.
5. 노래가 끝난 후 지도사가 '대전역' 하면 그때 만났던 짝을 찾아간다.
6. 제 시간에 짝을 못 찾은 사람은 벌칙을 받는다.

3. 둥글게 앉아서 할 수 있는 게임

1) 이웃을 사랑하십니까?

의자에 둥그렇게 앉아서 하는 게임이다.
서로 이웃에게 인사 나누게 한다.
–까꿍 (양쪽 맞은편)

게임하는 방법은 다음과 같다
한 사람(술래)이 앉아 있는 한 사람에게 가서 "이웃을 사랑하십니까?" 하고 묻는다.
만약 그 사람이 "네." 하고 대답하면, 대답한 양쪽에 있던 사람 둘이 자리를 바꿉니다.
그런데 그 사람이 "아니오." 하고 대답하면, 술래는 "그럼, 어떤 이웃을 사랑하십니까?" 하고 다시 묻는다.
그럼, 그 사람은 "~한 이웃을 사랑합니다." 하고 어떤 특정적인 단서를 붙입니다(예를 들어, 안경 쓴 이웃을 사랑합니다).
그럼, 그 특징을 가진 사람들은 모두 일어나 자기 자리가 아닌 자리로 바꿔 앉아야 합니다.
사람들이 자리를 바꾸는 사이에 술래는 얼른 빈자리에 가서 앉고, 혼자 자리에 앉지 못한 사람이 술래가 됩니다.

2) 너도 좋고 나도 좋고

게임하는 방법은 다음과 같다.

참여자들은 의자에 둥그렇게 앉아 있습니다.

첫 번째 왼손은 왼쪽 무릎 위 오른손은 내손 한 번 옆 친구 손 한 번

두 번째 왼손은 왼쪽 무릎 위 오른손은 내손 두 번 옆 친구 손 두 번

세 번째 왼손은 왼쪽 무릎 위 오른손은 내손 세 번 옆 친구 손 세 번

네 번째 왼손은 왼쪽 무릎 위 오른손은 내손 내 배 친구 손 친구 배

방향을 바꾸어서 오른손부터 시작한다.

4. 스트레스 날라가

1) 스트레스 잡으러

㉠ 스트레스 잡으러 : 머리에 뿔 만들고 팔을 X자로 만들기

㉡ 산으로 갈까나 : 양손으로 산 그리기

㉢ 스트레스 잡아서 : 머리에 뿔 만들고 팔을 X자로 만들기

㉣ 어떻게 할까나 : '?'표 그리기

㉤ 손톱으로 할퀼까 : 양 손톱으로 할퀴는 흉내

㉥ 머리로 받을까 : 헤딩하는 흉내

㉦ 랄라라라 랄라라라 : 박수 4번 치기

㉧ 가위바위보 : 가위바위보하기

2) 율동 @ 웃음지도

둥글게 둘러앉는다

무릎 2번 박수 2번(좌측 보면서 하하)

무릎 2번 박수 2번(우측 보면서 하하)

무릎 2번 박수 2번(좌측 우측 손을 위로 올리며 앗싸, 앗싸)

무릎 2번 박수 2번(손을 둥글게 2번 돌리며 짝짝)

5. 노인여가지도사 실습지도 1

귀에 익은 동요(고향의 봄)에 맞춰 흥미롭게 따라할 수 있게 구성해 상황에 따라 선택하여 실시할 수 있다.

[1절]

순서	노랫말	동 작	운동명	주의점
1	나의 살던 고향은	오른발을 옆으로 벌리며 두 팔과 손을 구부렸다 편다. (오른쪽 왼쪽 1번씩 2번 반복)	팔 운동	모든 동작: 손을 안쪽으로 당길 때는 주먹을 쥐고, 바깥으로 펼 때는 손바닥을 편다.
2	꽃피는 산골	두 팔을 위로 올리며 손바닥을 폈다가 어깨까지 가볍게 내렸다 올린다. (오른쪽 왼쪽 1번씩 2번 반복)		
3	복숭아꽃	두 팔을 어깨 위로 올리고 손을 가볍게 털어준다. (4번 반복)		
4	살구꽃	손바닥을 어깨까지 내렸다 올린다. (2번 반복–멈춤!!)		
5	아기 진달래	두 팔을 어깨 높이로 하고 가볍게 가슴을 펴준다. (오른쪽 왼쪽 1번씩 2번 반복)		
6	울긋불긋	허리를 앞으로 두 번 구부렸다 편다.	허리 운동	허리 앞으로 굽힘
7	꽃대궐	양손으로 골반을 4번 두드려준다.		옆구리 두들기기
8	차리인 동네	앞 동작(울긋불긋 꽃대궐 소절의 동작) 반복		
9	그 속에서	오른팔을 주먹 쥔 채 쭉 펴고 왼손으로는 주먹 쥐고 손목부터 어깨까지 4번을 나누어 쳐준다.	어깨 운동	오른팔 두드리기
10	놀던 때가	왼팔을 주먹 쥔 채 쭉 펴고 오른손으로는 주먹 쥐고 손목부터 어깨까지 4번을 나누어 쳐준다.		왼팔 두드리기
11	그립습니다	숨을 들이마시면 양쪽 어깨를 돌려준다. (오른쪽 왼쪽 1번씩 2번 반복)		어깨 으쓱하기

[2절]

순서	노랫말	동 작	운동명	주의점
1	꽃동네 새동네	온몸에 힘을 빼고 두 팔을 오른쪽 왼쪽으로 돌려 몸통을 틀어준다. (2번 반복)	몸통 운동	온몸 돌리기
2	나의 옛고향	손을 허리에 대고 팔을 크게 돌려준다. (오른쪽 왼쪽 2번 반복)		
3	파란들 남쪽에서	두 팔을 위로 올려 오른쪽에서 왼쪽으로 흔들어준다. (2번 반복)	옆구리 운동	하늘~ 하늘~
4	바람이 불면	두 팔을 가슴 쪽으로 잡아당기며 모아준다. (오른쪽 왼쪽 1번씩 2번 반복)		팔목꺾기
5	냇가에 수양버들	팔꿈치를 반대편 무릎 쪽으로 가져간다. (오른쪽 왼쪽 1번씩 2번 반복)	온몸 운동	팔꿈치 찍기
6	춤추는 동네	양손을 깍지 끼고 팔을 쭉 펴 아래에서부터 위로 끌어올린다.		깍지 끼고 앞으로 굽힘
7	그 속에서 놀던 때가	위 동작에서 깍지 낀 채 오른쪽, 왼쪽으로 몸통을 쭉 펴준다. (2번 반복)		하늘로 쭉 폄
8	그립습니다	깍지 낀 손을 머리 뒤에 대고 몸통을 오른쪽, 왼쪽으로 틀어준다. (2번 반복)		머리 뒤로 대고
간주 중에...		허리에 손을 대고 고개를 오른쪽으로 1번 돌리고 왼쪽으로 1번 돌린다.	목운동	목운동 좌우측 1회씩

[3절] 노래는 1절, 2절 반복하고 동작은 다르게 한다.

순서	노랫말	동 작	운동명	주의점
1	나의 살던 고향은	두 손을 옆구리에 대고 다리를 벌리고 무릎을 굽혔다 폈다 4번 반복한다.	무릎 운동 (허리 운동)	무릎 구부리기 4번
2	꽃피는 산골	허리를 오른쪽에서 왼쪽으로 2번 돌린다.		엉덩이 돌리기
3	복숭아꽃 살구꽃	1번 '나의 살던 고향은'과 같은 동작을 한다.		위 동작 반복
4	아기 진달래	허리를 왼쪽에서 오른쪽으로 2번 돌린다.		
5	울긋불긋	두 팔을 머리 위로 올리고 양쪽으로 흔든다.	전신 운동 (빠르게)	손들어 머리 위에서
6	꽃대궐	앞으로 굽히고 손은 앞을 향한 채 두 팔을 흔든다.		앞으로 뻗어서
7	차리인 동네	앞으로 굽힌 상태에서 두 팔을 오른쪽 왼쪽으로 크게 흔들어준다.		허리 굽혀 팔 흔들기~~
8	그 속에서 놀던 때가	온몸을 오른쪽으로 크게 돌리며 손뼉을 8번 친다.		손뼉 치면서 크게 돌리기
9	그립습니다.	온몸을 왼쪽으로 크게 돌리며 손뼉을 8번 친다.		위의 동작 반복

[4절]

순서	노랫말	동 작	운동명	주의점
1	꽃동네 새동네	오른발부터 앞으로 4번 걷고 뒤로 4번 걷는다.	걷기 운동 (허리 운동)	걷기
2	나의 옛고향	두 손을 허리에 대고 고개를 뒤로 젖힌다.		고개 젖힘
3	파란들 남쪽에서	오른발부터 앞으로 4번 걷고 뒤로 4번 걷는다.		우의 동작 반복
4	바람이 불면	두 손을 등에 받쳐대고 허리와 목을 뒤로 약간 젖힌다.		
5	냇가에 수양버들	오른발을 옆으로 벌리며 두 팔을 위로 올려 오른쪽 왼쪽으로 2번 흔들어 주며 천천히 2번 반복한다.	팔운동	위로 팔 벌림
6	춤추는 동네	몸을 오른쪽으로 양손을 가볍게 옆으로 밀어준다. 몸을 왼쪽으로 양손을 가볍게 옆으로 밀어주며 2번 반복한다.		벽을 밀치듯이
7	그 속에서 놀던 때가	두 팔을 들고 오른발을 올리며 팔과 다리를 들었다 내려준다.	신체 균형 운동	숨쉬기 (오른발 들면서)
8	그립습니다	두 팔을 들고 왼발을 올리며 팔과 다리를 들었다 내려준다.		(왼발 들면서)
마무리~~		편안한 마음으로 두 팔을 앞에서부터 위로 올리며 숨을 들이마시고 두 팔을 내리며 숨을 내쉰다.	숨쉬기 운동	

6. 노인여가지도사 실습지도2

가요를 선택하여 현장에서 활동하는 실습 프로그램으로 지도사는 다양한 동작 등을 구상할 수 있다. 현장의 활동가는 4/4박자 노래가 율동을 함께하기가 편하다고 한다. 소개한 프로그램은 어르신들이 앉아서 할 수 있고, 팔운동에 좋다. 팔을 움직이면 심폐기능에 도움을 준다.

노래는 '네 박자', '잘 살 거야', '나는 행복합니다'를 선택하여 소개한다.

[네 박자]

순서	가사	동작
1	니가	양손을 앞으로 뻗는다.
2	기쁠 때	양손을 얼굴 옆에서 좌우로 흔든다.
3	네가	양손으로 자기 머리를 가리킨다.
4	슬플 때	양손으로 머리를 만진다.
5	누구나	양손을 좌우로 뻗는다.
6	부르는 노래	양손 주먹을 위아래로 붙인다.
7	내려 보는	양손 손바닥을 아래로 내린다.
8	사람도	양손을 앞으로 뻗는다.
9	올려 보는	양손 손바닥을 위로 내린다.
10	사람도	양손을 앞으로 뻗는다.
11	어차피	양손으로 무릎을 친다.
12	쿵	양손으로 가슴을 친다.
13	짝이라네	박수를 친다.
14	쿵짝 쿵짝 쿵짜작 쿵짝	양손으로 가슴과 박수를 친다.
15	네 박자 속에	손가락 4개를 펴서 큰 원을 만든다.
16	사랑도	큰 하트를 만든다.
17	있고	양손 검지와 중지를 펴서 V자를 만든다.
18	이별도	오른손으로 얼굴을 만지고 왼쪽으로 고개를 돌린다.
19	있고	양손 검지와 중지를 펴서 V자를 만든다.

20	눈물도 있네	양손으로 눈물을 흘리는 동작을 한다.
21	한 구절	양손 검지를 편다.
22	한 고비	양손 엄지를 편다.
23	꺽어	양손 엄지를 목 뒤로 넘긴다.
24	넘을 때	양손을 좌우로 올챙이 춤을 춘다.
25	우리네	양손을 X자로 가슴에 댄다.
26	사연을	왼손 손바닥에 오른손으로 글을 쓴다.
27	담는	오른손으로 왼손 손바닥을 친다.
28	울고 웃는 인생사	왼손을 펴서 가슴에서 왼쪽으로 뻗는다.
29	연극 같은 세상사	오른손을 펴서 가슴에서 오른쪽으로 뻗는다.
30	세상사	양손을 앞으로 뻗는다.
31	모두가	양손을 위로 뻗는다.
32	네박자	손가락 4개를 편다.
33	쿵	가슴을 친다.
34	짝	박수를 친다.
35	너	양손으로 상대를 가르킨다.
36	그리울 때	왼손 검지로 머리에 갖다 댄다.
37	너	양손으로 상대를 가르킨다.
38	외로울 때	오른손 검지로 머리에 갖다 댄다.
39	혼자서	양손 검지를 앞으로 뻗는다.
40	부르는 노래	양손 주먹을 위아래로 붙인다.
41	내가 잘난	양손을 X자로 가슴을 두드린다.
42	사람도	양손을 앞으로 뻗는다.
43	지가 못난	양손 손바닥을 아래로 내린다.
44	사람도	양손을 앞으로 뻗는다.
45	어차피~꺽어 넘을 때	11~24번 동작을 반복한다.
46	울고 보는 인생사	왼손을 뻗는다.
47	소설 같은 인생사	오른손을 뻗는다.
48	세상사	양손을 뻗는다.
49	모두가	양손을 위로 뻗는다.
50	네박자 쿵짝	가슴을 치고 박수를 친다.

[잘 살 거야]

순서	가사	동작
1	잘 사는	양손 검지를 펴서 위로 올린다.
2	날이	양손 손가락 차례로 접는다.
3	올 꺼야	양손을 좌우로 올챙이 춤을 춘다.
4	잘 사는	양손 검지를 펴서 위로 올린다.
5	날이	양손 손가락 차례로 접는다.
6	올 꺼야	양손을 좌우로 올챙이 춤을 춘다.
7	포기는	양손을 위에서 아래로 내린다.
8	하지 말아요	양손을 아래에서 위로 올리며 좌우로 흔든다.
9	저 높은 하늘을 봐요	오른손 검지로 하늘을 가리킨다.
10	우리의	양손을 X자로 가슴에 댄다.
11	꿈이	양손 엄지를 펴고 앞으로 뻗는다.
12	있잖아	양손 검지와 중지를 펴 V자를 만든다.
13	이리 보고	양손을 펴서 얼굴에 대고 고개를 왼쪽으로 돌리며 박수를 4번 친다.
14	저리 보고	양손을 펴서 얼굴에 대고 고개를 오른쪽으로 돌리며 박수를 4번 친다.
15	우리 사이	양손을 X자로 가슴에 댄다.
16	좋은 사이	양손을 붙잡고 흔든다.
17	잘 살 꺼야	왼손 검지를 펴고 위로 올려 흔든다.
18	잘 살 꺼야	오른손 검지를 펴고 위로 올려 흔든다.
19	우리 모두	양손을 좌우로 넓게 편다.
20	잘 살 꺼야	양손 검지를 펴고 위로 올려 흔든다.
21	잘 사는	양손 검지를 펴서 위로 올린다.
22	날이	양손 손가락 차례로 접는다.
23	올 꺼야	양손을 좌우로 올챙이 춤을 춘다.

[나는 행복합니다]

순서	가사	동작
1	나는 행복합니다	무릎 2번, 손뼉 2번 치고 양손을 좌우로 흔든다.
2	나는 행복합니다	무릎 2번, 손뼉 2번 치고 양손으로 가슴을 X자로 두드린다.
3	나는 행복합니다	무릎 2번, 손뼉 2번 치고 양손을 얼굴 옆에서 좌우로 흔든다.
4	정말 정말 행복합니다	무릎 2번, 손뼉 2번 치고 양손으로 하트를 그린다.
5	기다리던 그날이 왔어요 즐거운 날이에요	오른쪽 옆 사람을 주먹으로 두드린다.
6	움츠렸던 어깨 답답한 가슴을 활짝 펴봐요	오른쪽 옆 사람을 손날로 두드린다.
7	가벼운 옷차림에 다정한 벗들과 즐거운 마음으로	오른쪽 옆 사람을 손바닥으로 두드린다.
8	들과 산을 뛰며 노래를 불러요 우리모두 다함께	오른쪽 옆 사람을 손가락으로 주무른다.
9	나는 행복합니다	1번 동작 반복
10	나는 행복합니다	2번 동작 반복
11	나는 행복합니다	3번 동작 반복
12	정말 정말 행복합니다	4번 동작 반복
13	진달래 꽃피는 봄이 지나면 여름이 돌아와요	오른쪽 옆 사람을 주먹으로 두드린다.
14	쏟아지는 태양 젊음이 있는 곳 우리들의 여름이죠	오른쪽 옆 사람을 손날로 두드린다.
15	강에도 산에도 넓은 바다에도 우리들의 꿈이 있어요	오른쪽 옆 사람을 손바닥으로 두드린다.
16	그곳으로 가요 노래를 불러요 우리 모두 다함께	오른쪽 옆 사람을 손가락으로 주무른다.
17	나는 행복합니다.	1번 동작 반복
18	나는 행복합니다.	2번 동작 반복
19	나는 행복합니다.	3번 동작 반복
20	정말 정말 행복합니다.	4번 동작 반복

7. 노인여가지도사 활동1

[시나리오 작성법 예시-창작 융합놀이 프로그램 개발]

* 준비물 : 놀이 공책, 신문지

들어가기 1

☞도입

안녕하세요? 노인여가지도사 ○○○입니다.

오늘도 날씨가 무척 덥네요. 여름에는 땀을 많이 흘리시니 수박을 많이 드시면 수분 보충에 도움을 준답니다. 어르신들 수박 많이 드셔서 수분 보충하시고 무더위도 날리고 건강 찾으세요. 더위야 물러가라~ 다함께 외치며

☞ 준비운동

어르신들 준비운동 들어갑니다. 노래는 '옆에 옆에' 를 부르면서 몸풀기 스트레칭 들어갑니다. 동작은 어렵지 않으니 잘 따라하실 수 있으실 거예요.

제가 먼저 시범을 보여드릴게요. (오른쪽 왼쪽으로 양손을 2번씩 흔든다. 위로 아래로 양손을 2번씩 흔든다.) 손을 높이 올리면서 율동을 하면 오십견 예방에 도움을 준대요.

☞수업

'내 나이가 어때서' 노래를 부르면서 율동을 함께 배워볼게요. (박수치기, 팔, 어깨, 겨드랑이, 배, 등, 다리, 머리 두드리기, 어깨 올렸다 내렸다 하기) 몸을 두드리면서 율동을 함께하면 몸의 온도가 1도 올라가면서 혈액순환에 도움을 주니 여기 어르신들 9988 건강하게 사실 수 있도록 도움을 줍니다. 면역력도 상승되고 감기예방에도 도움을 줄 거예요.

☞ 마무리

와우! 정말 잘하시네요. 우리서로 잘했다고 박수 쳐주기로 해요.

다 함께 함성 지르며 박수치세요.

건강구호 '마음을 즐겁게' '걱정은 버리고' '언제나 신나게'

어르신들 수고 많으셨습니다.

감사합니다. 다음에 건강한 모습으로 봬요 .

들어가기 2

***도입: 인사**

어르신들 한주동안 건강하셨죠? 오늘은 어르신들이 최고 멋진 분들만 계시는 것 같아 제가 행복합니다. 노인여가지도사 ○○○입니다.

*자 서로 아는 사이기는 하지만 옆 사람과 인사하고 시작할거요. 옆 사람하고 악수하며 만나서 정말 고맙고 감사합니다. 함께여서 행복합니다. 서로 안고 등 두드리면서 건강하세요. 행복합시다.

***수업**

'날 좀 보소' 노래에 맞춰서 함께 움직이며 활동할 거예요. 북소리에 맞추어 걷다가 짝짓기를 할 거예요, 제가 6명하면 6명으로 짝을 짓는 거예요. 세 그룹으로 나누어졌죠?

이제부터는 날 좀 보소~ 날 좀 보소 술래를 가운데 손을 잡고 오른쪽으로 돌면 걷고 동지섣달 꽃 본 듯이 날 좀 보소~ 왼쪽으로 걸으세요. 아리아리랑~ 날 넘겨주소~술래는 노래에 맞추어 창의적인 몸짓을 하면 다른 분들은 따라서 하는 거여요. 다시 한 번 반복 해볼게요.

***마무리**

모두모두 잘하셨습니다.

수고들 많이 하셨어요.

서로 안아주면서 잘했다고 칭찬해주세요.

감사합니다, 똑순이는 이만 물러가고 담주에 뵐게요.

쉬어가는 코너

*말에 관한 속담

*가는 말이 고와야 오는 말이 곱다. *낮말은 새가 듣고 밤 말은 쥐가 듣는다.

*입은 삐뚤어졌어도 말은 바로 하자. *말 한마디로 천 냥 빚을 갚는다.

8. 노인여가지도사 활동2

신문지를 이용한 활동

준비물: 놀이 공책, 신문지

학습목표: 신문지를 이용해 할 수 있는 놀이들을 생각해보도록 한다.

학습주제: 행복, 사랑, 나눔, 봉사

오늘은 우리 주변에 많이 있는 사물을 이용해 놀이를 만들어본다.

모둠별 과제는 심지 뽑기나 가위바위보로 결정할 수도 있다.

-먼저 자신이 알고 있는 신문지를 이용한 놀이를 발표해본다.

신문 글자 찾기, 신문지 길게 찢기, 신문지 밟고 이동하기 등

-우리 모두가 재미있게 놀 수 있는 놀이는 어떤 조건을 갖고 있어야 할까?

다함께 할 수 있는 놀이가 좋다, 흥미가 있어야 한다, 안전해야 한다, 어디서든지 놀 수 있어야 한다 등.

* 알고 있는 놀이 외에 신문지를 이용한 놀이를 모둠별로 의논해본다.

-모둠별로 신문지를 1장씩 나눠주고 의논할 시간을 충분히 준다(10분 정도).

-의논 후 정해진 놀이들을 모둠별로 실제 해본다.

* 놀이가 정해진 모둠은 다른 아이들에게 설명을 하고 시범을 보여준다.
* 다른 모둠이 발표한 놀이에 대해 문제점이나 의문점을 발표한다.
* 모둠별로 발표와 토의가 모두 끝나면 다시 수정하고 보완할 시간을 준다.

-다른 조에서 제시한 문제점이나 의문점을 의논하여 수정하거나 보충을 한 후 다시 놀아본다.

* 모둠별로 이전과 달라진 점을 발표하고 가장 재미있게 생각되는 놀이를 선정하여 다 같이 놀아본다.

12장
미술치료

1. 미술치료

미술치료(art therapy)란 미술작품을 통해 심리사회적 문제를 진단하고 치료하는 것을 말한다. 시각적 매체인 미술을 통해 자신의 감정을 마음껏 표출하게 하고 미술이 가지고 있는 특징과 장점을 치료적 도구로 활용하여 대상자의 증상 호전을 도모한다.

미술치료는 다양한 분야에서 널리 사용되고 있다. 특히 오늘날 노인인구의 증가와 함께 노년기 미술치료의 필요성이 대두되고 있다. 그러나 늘어난 노인인구의 수만큼 증가한 치매, 뇌졸중 질환을 원인으로 인지기능을 상실한 분들에 대하여 체계적으로 실시할 수 있는 미술 프로그램이 아직 부족한 실정이다. 그림이 주는 시각적인 자극은 노인에게 특히 접근되기 쉬우며 비언어적 표현 욕구를 활성화시킨다. 세분화된 그림을 보고 단계에 따라 그리는 과정 자체가 즐거운 인지적 훈련이 될 수 있도록 하며, 이와 함께 정서적 안정 및 소근육 활동의 통제 그리고 사회성 향상과 자신의 욕구 표현을 능하게 함으로써 특정 상황에 국한된 기능 향상이 아니라 일상생활 활동에서 일반화될 수 있는 인지기능 및 신체기능의 향상을 가져올 수 있다.

2. 효과

미술활동을 통해 훈련, 반복, 통제, 조정을 함으로써 통합능력과 주의력을 활성화 시킨다. 또한 그리기를 조작하기 위해서는 순차적인 절차가 요구되는데 이때에 채색계획을 세우면서 관리기능이 활성화된다. 미술작품을 감상하는 과정에서 시각, 청각, 촉각, 미각, 후각의 자극에 대한 반응이 높아져 지각력이 향상되고 수용된 자극에 대한 인식력이 높아지기 때문에 이를 처리할 때 연관되는 많은 인지영역들이 자극된다.

시각적 자극은 기억능력과 연관이 높기 때문에 이를 활용하여 미술활동을 한다면 기억력을 효과적으로 증진시킬 수 있으며, 간단한 방법으로 시공간 지각영역을 자극시키고 구성능력을 증진시키므로 초기 및 중증 치매환자에게도 효과적이다. 도구를 사용함으로써 현실감각과 통제력을 기르고 대근육과 소근육의 발달을 도와 전두엽 기능 향상 및 감각 협응력을 향상시킨다. 또한 작품을 감상하고 회상 및 심상화 과정에서의 언어적인 표현은 의사소통 표현의 증진뿐만 아니라 좌뇌와 우뇌의 종합적인 활동이 되므로 두뇌의 전반적인 발달을 가져온다.

미술활동은 하나의 작품이라는 구체적 결과물이 남는다. 따라서 미술활동은 능동적이고 생산적인 활동이 되며 이 과정에서 자기만족감과 효능감을 느낄 수 있다. 객관적인 결과물이 쌓임에 따라 시간적 순서대로의 작품이 변화되어 가는 것을 눈으로 확인할 수 있으며, 미술활동 자체가 특정 정서를 유발하는 뇌 신경계를 자극함으로써 자신의 감정 및 상황을 다시 상기시킬 수 있다.

출처: 김동연 외(2018) 치매예방 및 인지재활프로그램 2판.

1. 화투색칠하기

화투색칠하기는 노인들 누구나 잘 알고 게임을 즐긴 화투에 색을 칠하면서 손가락과 손목, 뇌를 사용하여 인지능력을 향상시키는 데 목적이 있다. 이 프로그램은 노인요양원 등에서 단체로 사용할 수 있도록 구성된 것으로 한두 명의 재가노인들도 지도사와 같이 진행할 수 있다.

색을 구별하고 같은 색으로 표현을 하는 등 초기 치매환자들과 우울증 등을 겪고 있는 사람들에게 재미를 느끼게 한다.

색을 칠한 다음 색 이름을 물어보고 답을 유도하는 등의 진행을 하고 가위로 그림을 오려보게 하는 것도 좋다. 그리고 가위로 그림을 오리는 것은 손가락과 손목의 힘을 반복적으로 이용함으로써 손목과 손가락의 힘을 키울 수 있다.

출처: 장일상, 임효림, 이수정, 조두이(2018). 현장활동가를 위한 화투색칠하기.

2. 숨은그림찾기

숨은그림찾기는 복잡하게 그려놓은 그림 속에 숨겨진 그림을 찾는 것이다. 3단계로 구성되어 있고, 1단계는 경증 이상 치매노인들이 사용할 수 있는 난이도로 구성되어 있고, 2단계는 경증의 노인들이, 3단계는 초기 증상이 보이거나 정상적인 생활을 하는 노인들이 재미있게 할 수 있게 구성되어 있다.

우선 페이지 숫자를 알고 있는지에 대한 확인과정으로 활동가가 페이지 숫자를 알려주면 그 페이지를 찾는 것을 확인할 수 있다. 어려워하시는 분들은 활동가가 도와주면 된다.

그리고 먼저 숨은 그림을 찾고 사물의 이름을 말하게 한다. 못 찾고 어려워할 경우에는 그림의 절반 정도 구획을 정해주고 찾을 수 있게 도와준다.

다 찾고 난 뒤에는 찾은 숫자를 확인시킨다. 숫자에 대한 뇌활동이 되기 때문이다. 그리고 무엇을 찾았는지 기억을 되살리게 질문을 한다. 기억을 되살리는 훈련은 치매에 중요한 뇌활동이다.

김태유, 월리스 뇌과학연구소(2018). 숨은그림찾기.

3. 틀린그림찾기

틀린그림찾기는 두 개의 그림 속에 그림의 다른 부분을 찾는 것이다. 레벨은 5단계로 구성되어 있고, 1단계부터 단계가 올라갈수록 그림이 복잡하고 그림에 대한 여러 가지 설명이 필요하다.

틀린그림찾기도 우선 페이지 숫자를 알고 있는지에 대한 확인과정으로 활동가가 페이지 숫자를 알려주면 그 페이지를 찾는 것을 확인할 수 있다. 어려워하시는 분들은 활동가가 도와주면 된다.

먼저 그려진 그림의 이름을 말하게 한다. 그 그림에 대한 기억을 회상하는 것은 중요하다. 그림에 대한 세부적인 부분에 대한 질문을 활동가가 준비하여 많은 이야기를 하면서 언어적인 기능을 향상시킬 수 있다. 틀린부분을 찾는데 어려워할 경우에는 그림의 절반 정도 구획을 정해주고 찾을 수 있게 도와준다.

다 찾고 난 뒤에는 찾은 숫자를 확인시킨다. 숫자에 대한 뇌활동이 되기 때문이다. 사물에 대한 설명을 유도한 것을 다시 한 번 질문하여 기억을 되살리게 한다. 이는 언어기능과 기억력향상에 도움이 된다.

출처: 김태유, 윌리스 뇌과학연구소,(2018). 틀린그림찾기

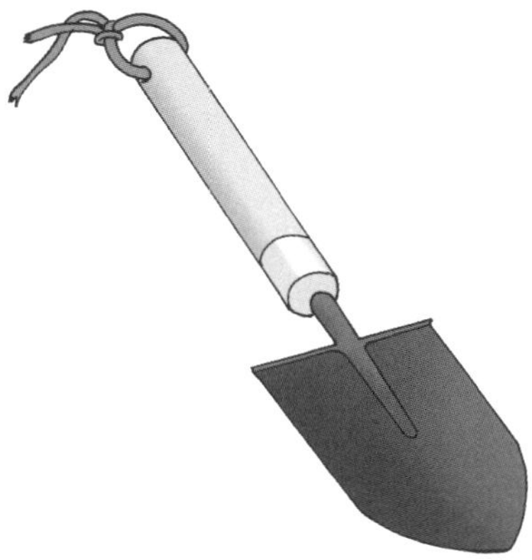

4. 만다라그리기

만다라그리기는 긍정적 성격형성(인간미, 여유, 신중성, 일체감), 창의적 학습능력을 배양하고 전두엽 관리 기능을 향상시킨다.

(1) 지도상의 유의점

① 만다라그리기를 할 때는 명상적인 공간이 중요하므로 명상음악, 양초와 향, 편안한 의자(누울 수 있는 것) 등이 준비되어야 한다.
② 심리적 이완을 위해 복식호흡과 이완을 연습시킨다. 이때 눕거나 기대어 눈을 감고 자신의 내적 소리에 귀 기울이게 한다.
③ 문양을 보고 만다라를 채색하는 데 중점을 둔다.
④ 어린이나 노인의 경우는 단순한 문양을 선택할 수 있도록 한다.
⑤ 만다라그리기를 할 때 문양의 크기는 A4크기 정도, 집단의 경우는 A2 정도의 종이를 준비하여 채색하거나 콜라주를 통해서 장식할 수도 있다.

(2) 활동내용 및 절차

① 치료자는 만다라 문양을 몇 개 제시하면서 자기가 좋아하는 문양을 선택하도록 한다.
② "모두 눈을 감고 조용히 숨을 들어마시고 내쉽니다."라고 지시한다(복식호흡과 이완호흡을 실시한다).
③ 낮은 톤의 부드러운 음악을 들려주고 향을 피우거나 촛불을 켠다.
④ "내 기분이 어떤지, 현재 무슨 생각이 나는지, 어떤 색이 마음속에 떠오르는지, 나의 마음을 모아봅시다."라고 지시한다.
⑤ 눈을 뜨고 좋아하는 색을 골라 자신이 선택한 문양에 채색하게 한다. 이때 완성할 때까지 그리게 하고 시간이 부족하면 다음 시간으로 미룬다.
⑥ 다음 시간에는 다른 문양을 택하여 그리게 하되 본인이 원하면 처음의 것을

여러 번 나누어 채색하게 한다.

⑦ 만다라그리기가 끝나면 서로 모여서 자신들의 느낌을 교환한다. 그림을 그릴 때의 기분, 감정, 느낌, 마음에 드는 만다라 등을 서로 얘기할 수 있다.

출처: 김동연 외, 치매예방 및 인지재활프로그램, 2018.

5. 그림을 통한 뇌운동법 정물

그림을 통한 뇌운동은 명화, 아트워크, 정물 등 세 가지로 구성되어 있는데 각각은 난이도 별로 세분화되어 있다. 초급 하(下)는 중등 이상의 치매환자를, 초급 중(中)은 경증 치매환자를, 초급 상(上)부터 중급, 고급은 일반인을 대상으로 실시하며 고급으로 갈수록 정상인도 어렵게 느낄 수 있는 난이도로 구성했다. 정물은 난이도가 초급 하로 중등 이상의 치매환자를 대상으로 한다.
정물은 실생활에서 쉽게 볼 수 있는 다양한 사물을 소재로 한 그림으로 그림구성과 색채를 단순화시켰다. 따라서 정물의 대상자는 초급 하로 설정했으며, 사물을 지각하는 데 어려움이 없으나 세부적인 색깔의 차이 및 기억회상이 어렵고 색깔을 모두 채우기에 어려운 대상자에게 실시한다. 구성은 실제사진과 함께 실제사진을 이미지화시킨 이미지그림, 회색 선 그림, 점 그림, 밑그림으로 사진을 제외한 네 가지 그림으로 구성되어 있다. 밑그림은 이미지그림에서 배경색상을 생략시킨 것이며 회색 선 그림은 숫자에 순서가 제시가 되어 있으나 회색으로 가이드라인이 그려져 있다. 점 그림은 회색 가이드라인이 사라진 그림으로 대상자가 숫자를 차례대로 이어야만 그림이 완성된다.

인지영역에서 주의집중력, 시공간 지각 구성, 전두엽 관리기능을 향상시키고, 소근육 운동 강화, 주의집중력 향상, 사물 그림을 통한 기억 회상, 자기 만족감 및 정서적 안정의 효과가 있다.

정물의 뇌운동은 다음과 같은 순서로 한다

① 실제사진을 살펴본다.

② 사진 속 사물의 이름을 맞춰보고 용도를 파악한다.

③ 사진 속 사물과 관련된 장소를 떠올려보고 최근에 어디서 봤는지 이야기한다.

④ 진행자는 대상자와 함께 숫자를 1부터 20까지 소리 내어 세어본다.

⑤ 진행자는 회색 선 그림을 제시하고 숫자의 순서대로 회색 선을 따라 연필로 연결하게 한다.

⑥이미지그림을 보고 색깔 이름을 말한 뒤 똑같은 색으로 덧칠한다.

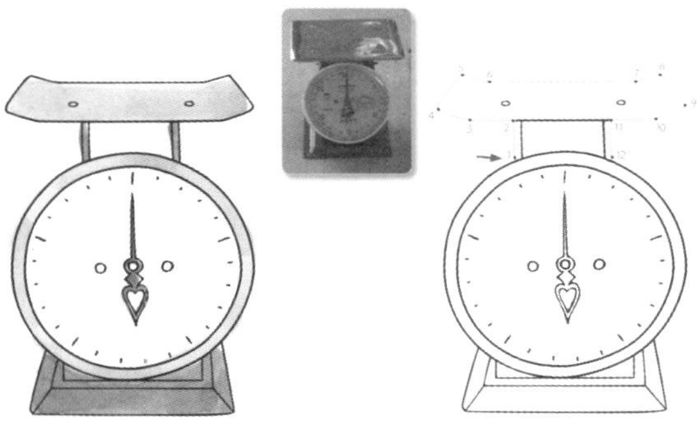

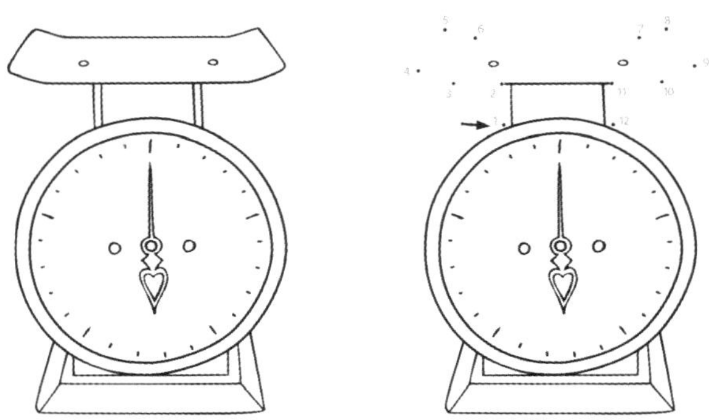

김태유(2011). ART-BRAIN(정물).

6. 그림을 통한 뇌운동법 아트워크

아트워크는 총 다섯 단계의 그림으로 구성되어 있다. 밑그림, 1차 채색, 2차 채색, 3차 채색, 원그림으로 갈수록 색상이 조금씩 추가된다. 밑그림은 원그림의 색상이 모두 생략된 그림이며, 1차 채색에서는 밑그림을 기준으로 하나의 색상이 추가되고, 2차 채색에서는 1차 채색을 기준으로 두 가지 색상이 추가하며, 3차 채색에서는 2차 채색을 기준으로 두 가지 색상을 더 추가한다. 마지막 완성 단계에서는 전체적인 배경색과 채도 및 명암의 차이를 파악하고 모방할 수 있도록 구성되어 있다.

색깔의 변화가 쉽게 지각될 수 있도록 추가되는 색상을 위쪽에 따로 제시하여 대상자 및 진행자가 쉽게 활용할 수 있도록 했으며, 여러 가지 사물을 비롯해 인물 및 풍경까지 다양한 소재로 시각적 흥미를 높였다. 복잡한 색채와 사물 형태는 최대한 단순화시켜 단계별로 쉽게 완성할 수 있도록 5단계로 세분화시켰다. 따라서 아트워크의 대상자는 초급(하) 단계에서 중급 단계로 1~2가지 색상의 위치와 종류를 기억할 수 있으나 사물과 배경 구분 및 명암의 차이를 인식하기 어려운 대상자를 대상으로 한다.

아트워크는 초급(하)부터 중급으로 중등도 치매환자부터 정상인까지 다양하게 활용할 수 있다. 인지영역에서 주의집중력, 시공간 지각력, 전두엽 관리기능을 향상시키고, 소근육 운동 강화, 시공간 지각 능력 활성화 및 주의집중능력 향상, 사물 그림을 통한 기억 회상 및 채색 계획을 통한 관리기능 활성화, 자기만족감 및 정서적 안정의 효과가 있다.

아트워크의 뇌운동은 다음과 같은 순서로 한다

① 완성 그림을 살펴본다.
② 그림 속 장면을 전체적으로 파악하고 사물 이름 및 분의기와 느낌에 대해 이야기를 나눈다.
③ 진행자는 아트워크 2차 채색을 제시하고 두 가지 색깔을 기억하게 한다.
④ 진행자는 아트워크 밑그림을 제시하여 빠진 색깔을 모두 찾아보고 색칠하게 한다.
⑤ 진행자는 아트워크 3차 채색을 제시하고 나머지 색깔을 기억하게 한다.
⑥ 진행자는 아트워크 밑그림을 제시하여 빠진 색깔을 모두 찾아보고 색칠하게 한다.

<밑그림>

<1차 채색>

<2차 채색>

<3차 채석>

<완성 그림>

김태유(2011). ART-BRAIN(아트워크).

7. 그림을 통한 뇌운동법 명화

명화는 초급(중)단계부터 고급단계로 나누며 경증 치매환자부터 치매예방 목적으로 사용할 수 있으며 각각의 난이도는 선의 복잡성, 곡선의 개수, 색상의 가짓수 및 배경색의 범위, 채도에 따라 구분된다. 또한 개수가 많아질수록 난이도는 상승한다.

명화는 총 50여 개의 작품을 소재로 풍부한 색채 및 다양한 풍경을 재구성하고 모방할 수 있도록 했다. 따라서 명화의 대상자는 초급(중)에서 고급단계로 설정했으며 일반인의 치매예방 프로그램으로도 활용할 수 있다.

총 네 단계의 그림으로 밑그림, 1차 채색, 2차 채색, 원그림으로 되어 있으며 원그림으로 갈수록 색상이 조금씩 추가된다. 밑그림은 원그림에서 색상을 모두 생략한 그림이며 1차 채색에서는 밑그림을 기준으로 하나의 색상이 추가되고, 2차 채색 단계에서는 1차 채색을 기준으로 2가지 색상이 추가되며 마지막 완성 단계에서는 배경 색과 채도 및 명암의 차이를 파악하고 모방할 수 있도록 구성했다. 색깔의 변화가 쉽게 지각 될 수 있도록 추가되는 색상을 위쪽에 따로 제시하여 대상자 및 진행자가 쉽게 활용할 수 있도록 했다.

인지영역에서 주의집중력, 시공간 지각 구성, 전두엽 관리기능을 향상시키고, 소근육 운동 강화, 시공간 지각 능력 활성화 및 주의 집중능력 향상, 사물 그림을 통한 기억 회상 및 채색 계획을 통한 관리기능 활성화, 자기 만족감 및 정서적 안정을 찾는 효과가 있다.

명화의 뇌운동은 다음과 같은 순서로 한다

① 완성그림을 살펴본다.

② 그림 속 장면을 전체적으로 파악하고 배경과 인물의 분위기와 느낌에 대해 이야기를 나눈다.

③ 진행자는 대상자에게 밑그림을 제시한다.

④ 진행자는 1차 채색단계 그림을 보여주며, 대상자가 두 가지 색상을 관찰하고 직접 밑그림에 색칠할 수 있도록 한다.

⑤ 진행자는 2차 채색단계 그림을 보여주며, 대상자가 추가된 색상을 관찰하고 직접 밑그림에 색칠할 수 있도록 한다.

⑥ 진행자는 마지막 완성그림을 보여주며, 대상자가 직접 추가된 색상을 관찰하고 직접 밑그림에 색칠할 수 있도록 한다. 또한 밑그림을 살펴보고 빠진 곳을 덧칠해 완성하도록 한다.

<밑그림>

<1차 채색>

<2차 채색>

<완성 그림>

김태유(2011). ART-BRAIN(명화).

8. 지남력과 주의력 카드

지남력은 자신과 자신 이외의 외부와의 연관성을 아는 능력을 말한다. 지남력은 주의력, 지각능력 등의 종합적인 인지능력에 의해 이루어지는 고위 인지기능으로 시간, 장소 및 사람에 대한 지남력으로 나눌 수가 있다. 기능적이건 구조적이건 뇌에 질환이 생기면 지남력 장애가 생기는데, 주로 시간에 대한 지남력, 장소에 대한 지남력, 사람에 대한 지남력 순서대로 없어진다. 따라서 병이 위중한 경우 시간과 장소는 알지 못하더라도 사람을 알아보는 환자는 많이 있다.

시간을 자주 보는 것도, 시계를 보지 않고 시간을 감으로 맞추는 것도 좋은 습관이다.

주의력은 지각형성 과정을 조절하는 기본적 인지기능으로서, 다른 인지기능에도 많은 영향을 미치기 때문에 매우 중요하다. 무기력 증상과의 연관성도 높아 중점적으로 다루어야 할 치료의 목표이다. 알츠하이머병은 초기는 단순한 주의력은 유지되지만 복잡한 주의력은 장애를 일으키는 것으로 알려져 있다.

지남력과 주의력 카드는 이러한 부분에서 개발된 카드입니다.

활동가와 카드를 직접 만들어도 되고 주어진 카드를 가지고 정확하게 질문에 따라 답을 말하는 것도 지남력과 주의력 향상에 도움이 된다.

노인들이 모여 정답 말하기와 가장 빨리 정답 말하기 등 게임으로 할 수도 있다.

활동가가 아래 주어진 카드에서 "글의 색깔을 말하세요?", "가로 둘째 줄 글을 빨리 말하세요?" 등 재미있게 활용할 수가 있다.

노랑	파랑	빨강	검정
파랑	초록	검정	노랑
초록	빨강	검정	파랑
빨강	검정	노랑	초록

부록

자가진단 1 나는 얼마나 고독한가

자가진단 2 조해리의 창

자가진단 3 치매선별용 한국형 간이정신상태검사(SMMSE-DS)

자가진단 4 한국형 간이노인우울증검사(SGDS-K)

자가진단 5 주관적 기억력 평가 문항(SMCQ)

자가진단 6 치매진행정도평가설문지(CCDR)
(Cognitive-Clinical Dementia Rating Scale:CCDR)

■ 자가진단 1

나는 얼마나 고독한가

다음은 여러분이 요즘 어떻게 느끼고 있는지를 알아보려는 질문입니다. 문항 하나하나를 잘 읽은 다음, 자신이 얼마나 자주 느끼는지를 문항에 아래의 숫자를 표시하세요.

거의 그렇지 않다 / 0
가끔 그렇다 / 1
종종 그렇다 / 2
자주 그렇다 / 3

1. 나에게 친한 친구가 없다고 느껴진다.
2. 다른 사람을 믿는 것이 두렵다.
3. 나에겐 이성친구가 없다고 느껴진다.
4. 내 고민을 얘기하면 가까운 사람들이 부담스럽게 느낀다.
5. 나는 다름 사람에게 필요하지도 중요하지도 않은 사람이라고 느낀다.
6. 나는 누구와도 개인적인 생각을 나누기 어렵다고 느낀다.
7. 나는 다른 사람들로부터 이해받지 못하고 있다고 느낀다.
8. 나는 다른 사람에게 다가가는 것이 편안하지 않다.
9. 나는 외로움을 느낀다.
10. 나는 어떤 친목집단이나 조직에도 소속감을 느낄 수 없다.
11. 나는 오늘 다른 사람과 교류를 가졌다는 느낌이 들지 않는다.
12. 나는 다른 사람에게 할 말이 별로 없다고 느낀다.
13. 나는 다른 사람과 함께 있으면 평소의 내 모습과 달라지는 것 같다.
14. 나는 다른 사람 앞에서 당황해 할까봐 두려워한다.
15. 나는 재미있는 사람이 아니라고 생각한다.

■ 채점 및 해석

1번부터 15번 문항까지의 점수를 모두 합하여 총점을 구한다. 총점의 점수대에 따라서 다음과 같은 해석이 가능하다.

0~10 점: 거의 고독을 느끼지 않는 것 같다.
11~20점: 보통 사람들이 느끼는 평균적인 수준의 고독감을 느끼고 있다.
21~28점: 보통 사람들보다 높은 수준의 고독감을 느끼고 있다.
29점 이상: 상당히 심한 고독감을 느끼고 있다. 다.

출처: 이준우 외(2011). 정신건강론.

■ 자가진단 2

인간내면심리(조해리의 창)

전혀 아니다 - 약간 그렇다 - 어느 정도 그렇다 - 상당히 그렇다 - 매우 그렇다

--1----2----3----4----5----6----7----8----9----10

1. 나는 잘 몰랐을 경우에는 이를 바로 인정한다. 1 2 3 4 5 6 7 8 9 10

2. 나는 납득하기 어려운 지시를 받을 경우 지시한 이유를 물어본다. 1 2 3 4 5 6 7 8 9 10

3. 나는 다른 사람의 잘못을 지적할 필요가 있을 때에는 직접 말한다. 1 2 3 4 5 6 7 8 9 10

4. 나의 의견에 대해 남들이 어떻게 생각하는지 물어본다. 1 2 3 4 5 6 7 8 9 10

5. 나의 느낌을 솔직하게 표현한다. 1 2 3 4 5 6 7 8 9 10

6. 다른 사람의 감정을 존중한다. 1 2 3 4 5 6 7 8 9 10

7. 나는 걱정거리가 생길 경우, 터놓고 의논한다. 1 2 3 4 5 6 7 8 9 10

8. 나 혼자 이야기를 계속하여 남을 짜증나게 하지 않는다. 1 2 3 4 5 6 7 8 9 10

9. 남의 의견이 나와 다를 경우, 나의 생각을 말하고 함께 검토해본다. 1 2 3 4 5 6 7 8 9 10

10. 나는 아이디어를 권장하고 대화를 독단적으로 끌고 가지 않는다. 1 2 3 4 5 6 7 8 9 10

11. 내 잘못을 숨기거나 남의 탓으로 돌리지 않는다. 1 2 3 4 5 6 7 8 9 10

12. 다른 사람의 충고를 잘 받아들인다. 1 2 3 4 5 6 7 8 9 10

13. 달가운 일이 아닐지라도 남들이 알아야 할 사항이라면 알려준다. 1 2 3 4 5 6 7 8 9 10

14. 진심으로 남의 이야기를 들어준다. 1 2 3 4 5 6 7 8 9 10

15. 말하기 거북한 내용을 거리낌없이 말한다. 1 2 3 4 5 6 7 8 9 10

16. 나는 변명을 하지 않고 비판에 귀를 기울인다. 1 2 3 4 5 6 7 8 9 10

17. 나는 있는 그대로를 나타내며 가식이 없는 편이다. 1 2 3 4 5 6 7 8 9 10

18. 나에게 찬성하지 않는다고 남의 마음을 상하게 하지 않는다. 1 2 3 4 5 6 7 8 9 10

19. 나는 확신하는 것을 굽히지 않고 말한다. 1 2 3 4 5 6 7 8 9 10

20. 나는 다른 사람에게 그들의 생각을 발표하도록 권장한다. 1 2 3 4 5 6 7 8 9 10

■ 채점 및 해석

1. 자기공개: 나는 다른 사람에게 나에 관한 이야기를 잘 하며 다른 사람에게 나의 모습을 잘 나타내고 다른 사람에게 나의 속마음을 잘 내보인다.
2. 피드백: 나는 다른 사람이 나에 대해 어떤 생각을 가지고 있는지 알려고 노력하며 다른 사람이 나에 관해서 하는 말에 귀를 기울이고 다른 사람이 나를 어떻게 평가하고 있는지 잘 알고 있다.

번호	1	3	5	7	9	11	13	15	17	19	총점의 평균	(자기공개)
값	( )	( )	( )	( )	( )	( )	( )	( )	( )	( )	( )	세로축
번호	2	4	6	8	10	12	14	16	18	20	총점의 평균	(피드백)
값	( )	( )	( )	( )	( )	( )	( )	( )	( )	( )	( )	가로축

조해리의 창은 심리학 용어입니다. 미국의 심리학자인 조셉 루프트(Joseph Luft)와 해리 잉햄(Harry Ingham) 두 사람이 연구해낸 이론으로 인간의 내면심리를 네 개의 창으로 나눈 것입니다

자기공개와 피드백의 각 점수를 아래 분할표에 각 점수의 총점을 낸 후 평균점수를 그려놓고 정사각형을 4분면으로 분할하여 자신의 영역을 확인한다. 사람마다 마음의 창 모양이 다르며, 개인이 인간관계에서 나타내는 자기공개의 피드백의 정도에 따라 마음의 창을 구성하는 네 영역의 넓이가 달라지며, 이런 마음의 창모양은 어떤 영역이 가장 넓은가에 따라 네 가지 유형으로 구분할 수 있다

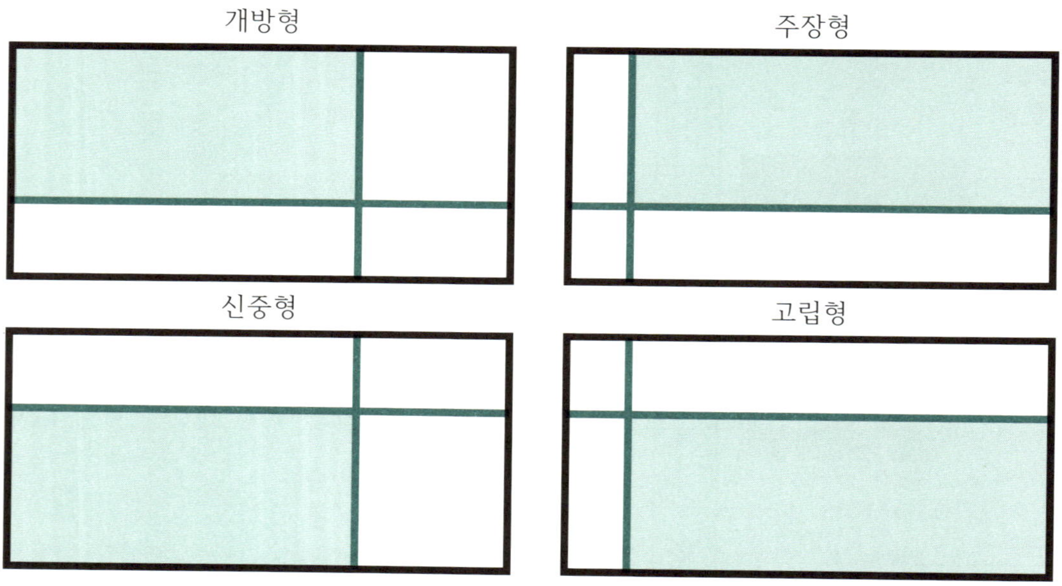

출처: 이준우 외(2011). 정신건강론.

■ 자가진단 3

치매선별용 한국형 간이정신상태검사(SMMSE-DS)

성 명		출생연도		성별	남/여	교육연수	년
검사일		총 점		판 정		정상 / 저하	

1.	올해는 몇 년도 입니까?	0	1
2.	지금은 무슨 계절입니까?	0	1
3.	오늘은 며칠입니까?	0	1
4.	오늘은 무슨 요일입니까?	0	1
5.	지금은 몇 월입니까?	0	1
6.	우리가 있는 이곳은 무슨 도/특별시/광역시입니까?	0	1
7.	여기는 무슨 시/군/구입니까?	0	1
8.	여기는 무슨 구/동/읍/면입니까?	0	1
9.	우리는 지금 이 건물의 몇 층에 있습니까?	0	1
10.	이 장소의 이름이 무엇입니까?	0	1
11.	제가 세 가지 물건의 이름을 말씀드리겠습니다. 끝까지 다 들으신 다음에 세 가지 물건의 이름을 모두 말씀해보십시오. 그리고 몇 분 후에는 그 세 가지 물건의 이름들을 다시 물어볼 것이니 들으신 물건의 이름을 잘 기억하고 계십시오. 이제 000님께서 방금 들으신 3가지 물건 이름을 모두 말씀해 보세요.		
	나무	0	1
	자동차	0	1
	모자	0	1
12.	100에서 7을 빼면 얼마가 됩니까? 93	0	1
	거기에서 7을 빼면 얼마가 됩니까? 86	0	1
	거기에서 7을 빼면 얼마가 됩니까? 79	0	1
	거기에서 7을 빼면 얼마가 됩니까? 72	0	1
	거기에서 7을 빼면 얼마가 됩니까? 65	0	1
13.	조금 전에 제가 기억하라고 말씀드렸던 세 가지 물건의 이름이 무엇인지 말씀하여주십시오.		

	나무	0	1
	자동차	0	1
	모자	0	1
14.	(실제 시계를 보여주며) 이것을 무엇이라고 합니까?	0	1
	(실제 연필이나 볼펜을 보여주며) 이것을 무엇이라고 합니까?	0	1
15.	제가 하는 말을 끝까지 듣고 따라해보십시오. 한 번만 말씀드릴 것이니 잘 듣고 따라하십시오.		
	간장공장 공장장은 강공장장	0	1
16.	지금부터 제가 말씀드리는 대로 해보십시오. 한 번만 말씀드릴 것이니 잘 들으시고 그대로 해보십시오. 제가 종이를 한 장 드릴 것입니다. 그러면 그 종이를 오른손으로 받아, 반으로 접은 다음, 무릎 위에 올려놓으십시오.		
	오른손으로 접는다.	0	1
	반으로 접는다.	0	1
	무릎 위에 놓는다.	0	1
17.	(겹친 오각형 그림을 가리키며) 여기에 오각형이 겹쳐져 있는 그림이 있습니다. 이 그림을 아래 빈 곳에 그대로 그려보십시오. 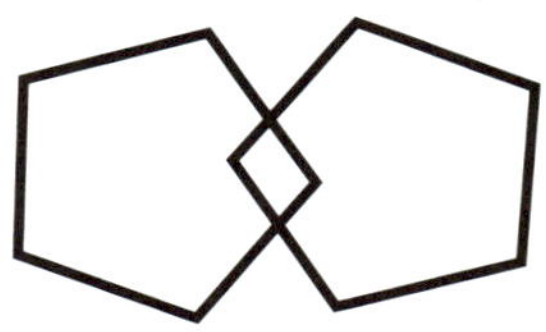	0	1
18.	옷은 왜 빨아서 입습니까? 더러워서	0	1
19.	'티끌 모아 태산'은 무슨 뜻 입니까? 재산을 모은다.	0	1
	총 점		/30

■ 자가진단 4

한국형 간이노인우울증검사(SGDS-K)

성 명		출생 연도		성별	남/여	검사일	20 년 월 일
검사자		총 점		판 정		정상 / 저하	

아래는 지난 1주일 동안 어르신의 기분을 알아보기 위한 질문입니다.
질문을 잘 읽으시고 그렇다면 '예', 그렇지 않다면 '아니오'에 ○표 하십시오.
대답하기 어려운 질문이라도 현재 ○○○님의 상태에 조금이라도 더 가까운 쪽을 '예' 또는 '아니오'로 답해주셔야 합니다.

항 목	예	아니오
1. 삶에 대해 대체로 만족하십니까?		
2. 최근에는 활동이나 관심거리가 줄었습니까?		
3. 삶이 공허하다고 느끼십니까?		
4. 자주 싫증을 느끼십니까?		
5. 기분 좋게 사시는 편입니까?		
6. 좋지 않은 일이 닥쳐올까 봐 두렵습니까?		
7. 대체로 행복하다고 느끼십니까?		
8. 자주 무기력함을 느끼십니까?		
9. 외출하기보다는 집안에 있기를 좋아하십니까?		
10. 다른 사람들보다 기억력이 더 떨어진다고 느끼십니까?		
11. 살아있다는 사실이 기쁘십니까?		
12. 본인의 삶의 가치가 없다고 느끼십니까?		
13. 생활에 활력이 넘치십니까?		
14. 본인의 현실이 절망적이라고 느끼십니까?		
15. 다른 사람들이 대체로 본인보다 더 낫다고 느끼십니까?		

한국형 간이노인우울증검사(SGDS-K)는 자기가 직접 검사지를 보고 답을 하는 형식으로 되어 있으며, '예'와 '아니오'로 응답하는 양분척도로 되어 있다. 총점의 범위는 한국형 노인우울증검사(GDS)는 0점에서 30점까지이며, 한국형 간이노인우울증검사는 0점에서 15점으로 되어 있다. 한국형 노인우울증검사 각 문항에 대해 우울증 응답에는 1점, 비우울증 응답에는 0점을 주며, 최종점수는 우울증 응답의 합계이다.

한국형 간이노인우울증검사는 총 15문항으로 각 1점씩 총 15점으로 계산한다. 채점방식은 1번, 5번, 7번, 11번, 13번 문항은 역환산 문항으로 '아니오'에 표시한 것이 1점으로 채점된다. 편의상 검사지 자체에 연한 회색으로 채워진 칸을 1점으로 보면 된다. 총점 5점 이하는 정상집단이고, 6~9점은 중증도의 우울증을 가지고 있는 집단군이고, 10점 이상인 경우에는 우울증 고위험군에 해당하므로 전문가의 상담이 필요하다.

■ 자가진단 5

주관적 기억력 평가 문항(SMCQ)

성 명		출생연도		성별	남/여	검사일	20 년 월 일
검사자		총 점		판 정			

아래는 기억력을 알아보기 위한 질문입니다.
질문을 잘 읽으시고 그렇다면 '예', 그렇지 않다면 '아니오'에 ○표 하십시오.
대답하기 어려운 질문이라도 현재 ○○○님의 상태에 조금이라도 더 가까운 쪽을 '예' 또는 '아니오'로 답해주셔야 합니다.

항 목	예 (1점)	아니오 (0점)
1. 자신의 기억력에 문제가 있다고 생각하십니까?		
2. 자신의 기억력이 10년 전보다 나빠졌다고 생각하십니까?		
3. 자신의 기억력이 같은 또래의 다른 사람들에 비해 나쁘다고 생각하십니까?		
4. 기억력 저하로 인해 일상생활에 불편을 느끼십니까?		
5. 최근에 일어난 일을 기억하는 것이 어렵습니까?		
6. 며칠 전에 나눈 대화 내용을 기억하기 어렵습니까?		
7. 며칠 전에 만난 사람을 기억하기 어렵습니까?		
8. 친한 사람의 이름을 기억하기 어렵습니까?		
9. 물건 둔 곳을 기억하기 어렵습니까?		
10. 이전에 비해 물건을 자주 잃어버립니까?		
11. 집 근처에서 길을 잃은 적이 있습니까?		
12. 가게에서 두세 가지 물건을 사려고 할 때 물건 이름을		

기억하기 어렵습니까?		
13. 가스불이나 전깃불 끄는 것을 기억하기 어렵습니까?		
14. 자주 사용하는 전화번호(자신 혹은 자녀의 집)를 기억하기 어렵습니까?		
# 6점 이상시 치매 또는 경도인지장애 의심. 총점 :		

주관적 기억력 평가 문항(SMCQ; Subjective Memory Complaints Questionnaire)은 대상자가 주관적으로 경험하는 기억장애의 심각도를 평가하는 설문이다. 환자 본인이 직접 작성하는 14문항짜리 설문지다. 주관적 기억력 평가 문항 중 6개 이상이 '예'에 해당되면 '경도인지장애'가 의심되므로 병원이나 가까운 보건소, 치매지원센터를 방문하여 정확한 검진을 받는 것이 필요하다.

■ 자가진단 6

치매진행정도평가설문지(CCDR)

(Cognitive-Clinical Dementia Rating Scale:CCDR)

영역			점수
지남력	시간	가끔 시간을 착각 하지만 년, 월, 일, 요일 중에 2개는 안다.	1
		년, 월, 일, 요일 중에 1개나 하루 중의 때, 계절 모두를 안다.	2
		하루 중의 때나, 계절 중 1개는 안다.	3
		시간에 대해 아는 것이 없다.	4
	장소	가끔 장소를 착각 하거나 방향 감각이 없어지는 경우가 있다.	1
		지금 있는 장소의 이름을 모른다.	2
		지금 있는 도, 시의 이름이나 "무엇을 하는 곳 인지" 둘 중 하나를 모른다.	3
		지금 있는 도, 시의 이름과 "무엇을 하는 곳 인지"를 모두 알지 못한다.	4
	사람	오랜 만에 보는 친구나 친척을 다른 사람으로 착각 하는 경우가 있다.	2
		가족의 이름을 혼동하거나 자식을 못 알아보는 경우가 가끔 있다.	3
		가족도 잘 모르는 경우가 많지만 자신의 이름에는 반응한다.	4
		자식의 이름도 모른다.	6
기억		최근 일에 건망증이 있으나 걱정할 정도는 아니다.	1
		최근 일의 세부 사항을 자주 잊어버리고 일상생활에 불편한 점이 있다.	2
		최근에 있었던 일 자체를 자주 잊어버리고 과거기억 장애도 심하다.	3
		조금 전의 일도 전혀 기억 못하고 과거 기억 중 일부만 기억 한다.	4
		조금 전의 일이나 과거에 대한 기억도 전혀 없다.	6

주의집중	어려운 일에 주의집중 장애를 가끔 보인다.	1
	어려운 일은 주의집중을 하지 못한다.	2
	5에서 1까지는 세는 간단한 주의집중을 할 수 없다.	3
	1에서 5까지는 세는 간단한 주의집중도 할 수 없어 실수한다.	4
	주의집중 장애로 전혀 검사를 시행할 수 없다.	6
언어	말수가 줄어들거나 표현력이 전보다 약간 저하되었다.	1
	말의 조리가 없어지기 시작하고 자기 이야기만 하려 한다.	2
	긴 문장으로 사용하지 못하고 짧게 이야기하면서 간단한 의사소통만 가능하다.	3
	대화의 내용이 지리멸렬하려 의사소통이 안 된다.	4
	알아들을 수 없는 이야기, 감탄사를 중얼거리거나 전혀 말을 하지 못한다.	6
시각 공간 개념	길을 가다 방향 감각이 떨어져 혼란스러운 경우가 있다.	1
	익숙하지 않은 곳에서 길을 잃는다.	2
	집 주위나 동네에서 집을 찾아오지 못한다.	3
	집에서 자기 방이나 화장실을 찾지 못한다.	4
전두엽 관리기능	복잡한 일의 해결에 경미한 실수가 가끔 있다.	1
	일상적인 사회생활에는 장애가 있으나 복잡한 일은 해결하지 못한다.	2
	일상적인 사회생활에 장애가 있고 올바른 판단을 하지 못한다.	3
	단순한 문제를 제시해도 다른 이야기만 하며 판단 자체를 하지 못한다.	4
	자신의 주위에서 일어나는 일에 전혀 무관심 하고 판단력도 전혀 없다.	6
이상행동 성격변화	배회, 옷 벗기, 집 밖으로 나가기, 짐 싸기, 물건을 모으고, 고집이 세어진다.	2
	공격, 큰소리, 난폭한 행동이 자주 나타난다.	3
	망상, 환각, 경련이 나타난다.	4

일상생활능력(P-ADL)	육체적	개인위생, 옷 갈아입기 등이 약간 게을러진다.	1
		화장실 사용, 세수, 목욕, 옷 입기에 약간의 도움이나 권고가 필요하다.	2
		화장실 사용, 세수, 목욕, 옷 입기 중에 일부 지속적인 도움이 필요하다.	3
		식사, 화장실 사용, 세수, 목욕, 옷 입기 등에 많은 도움이 필요하다.	4
		식사, 개인위생, 옷 입기 등 일상생활의 모든 것을 전적으로 도움을 받아야 한다.	6
도구적 생활능력(IADL)	가정생활	취미 생활, 음식 준비, 집수리, 가전제품 사용에 가끔 경미한 장애가 나타난다.	1
		취미 생활, 음식 준비, 집수리, 가전제품 사용 중에 일부 장애가 지속된다.	2
		간단한 가정생활만 가능하고 대부분 무관심하다.	3
		전화기 사용, TV시청을 포함한 가정생활이 불가능하다.	4
	사회생활	시장보기, 교통수단 이용, 금전관리, 모임의 참가에 가끔 경미한 실수가 있다.	1
		시장보기, 교통수단 이용, 금전관리, 모임의 참가 중에 일부 분명한 장애가 있다.	2
		간단한 일부의 사회생활 활동만 가능하다.	3
		혼자서는 집 밖에서 어떤 사회생활도 못한다.	4
유병기간		6개월 이내로 치매증상이 계속 있거나 진행되고 있다.	1
		6개월 이상 치매증상이 계속 있거나 진행하고 있다.	2
		치매 증상 발생 후 3년 이상 경과.	3
		치매 증상 발생 후 5년 이상 경과.	4
명료성		정신이 가끔 경미하게 흐린 경우가 있다.	1
		정신이 맑지 않아 이상하다고 생각되는 경우가 가끔 있다.	2
		정신이 자주 흐리지만 가끔 맑기도 하다.	3
		정신이 지속적으로 흐리다.	4
보행		치매에 의한 보행 장애로 누워 만 있다.	2
총점			

점수	설명
0 - 12	해당없음
12 - 25	경도인지장애 수준
26 - 33	경증치매 수준
34 - 41	중등도치매 수준
42점 이상	중증치매 수준

출처: 김태유(2016). 윌리스 뇌건강학습지.

참고문헌

게리 랜드레스 지음, 유미숙 역(2015). 놀이치료:치료관계의 기술. 서울: 학지사.
김근홍(2011). 노인복지와 르네상스. 서울: 신정출판사.
김동연, 김태유, 김인숙, 박래준, 박정미, 손기철, 이경남, 이은아, 정효경, 한광일(2004). 치매예방 및 인지재활 프로그램. 고양: 서현사
김종만(1993). 아이들 민속놀이 100가지. 서울: 우리교육.
김태유(2011). ART-BRAIN(명화). 부산: 윌리스뇌과학연구소.
김태유(2011). ART-BRAIN(아트워크). 부산: 윌리스뇌과학연구소.
김태유(2011). ART-BRAIN(정물). 부산: 윌리스뇌과학연구소.
김태유(2016). 윌리스 뇌건강학습지. 부산: 윌리스뇌과학연구소.
김태유, 윌리스 뇌과학연구소, 임장석(2018). 숨은그림찾기. 고양: 서현사.
김태유, 윌리스 뇌과학연구소, 임장석(2018). 틀린그림찾기. 고양: 서현사.
김현주(1998) 노인의 신체활동과 조화. 파주: 한국학술정보주식회사.
김희권(1999). 한학자가 쓴 조선의 민속놀이. 서울: 푸른숲.
네이버 지식백과. 그림자놀이 (문화콘텐츠닷컴 (문화원형백과 전통놀이), 2002.
네이버 지식백과. 실뜨기 (문화콘텐츠닷컴 (문화원형백과 전통놀이), 20C2.
네이버 지식백과. 칠교 (문화콘텐츠닷컴 (문화원형백과 전통놀이), 2002,
두산세계대백과.사전(1997). 서울: 동아출판.
로비스트(2017). 유언장 작성하기 전 준비사항.
http://lawvis.com/legal/legal_61.asp?mode=AA006&page=5&search=&strsearch=&cate=&work=view&idx=2623
민속학 연구실(1988). 조선의 민속놀이. 서울: 푸른숲.
박정미, 김종환(2011). 음악치료의 이해와 활용. 고양: 서현사.
박종헌(2018). 나의 웰다잉 노트. 서울: 행복에너지.
박찬호, 안동림(2009). 한국 가요사. 서울: 미지북스.
박희숙, 장원태, 오정희(2016). NCS 노인복지론. 고양: 공동체.
베르나르 마리스 지음, 조홍식 역(2008). 무용지물 경제학. 서울: 창비.

보건복지부(2018).연도별 노인학대 건수 및 피학대자와의 관계.
보건복지부(2018). 국가생명윤리정책.
보건복지부(2018). 요양보험제도.
산케이 신문 생명취재반. 최인정 역(2005). 100세 시대. 서울: 은행나무.
서병숙(1991). 노인연구. 서울: 교문사
서울: 무료법률상담센터.
서울대학교병원 의학정보. 웃음치료.
심우성(1996). 우리나라 민속놀이. 서울: 동문선.
아름출판사 편집(1987). 흘러간노래 대백과. 서울: 아름출판사.
앤 애커스 존슨(1994). 고양이 실뜨기 놀이. 서울: 성인문화사.
위오기 외 5인(2007). 스트레스 관리. 서울: 대한간호협회.
유성수, 유승숙, 김성희(2011). 실버 레(뇌)크리에이션 서울: 범한.
이미자(2018). 시니어를 위한 스마트한 노후설계. 고양: 서현사.
이상호(1999). 전래놀이 101가지. 서울: 사계절.
이영미(2006). 한국 대중 가요사. 서울: 민속원.
이종각(2000). 인간과 레크레이션. 서울: 보경문화사.
이준우, 최희철(2011). 정신경강론. 고양: 서현사.
이해숙(2003). 한국대중음악사. 서울: 리즈앤북.
임우석, 구금석, 김종철, 박지영, 최인근(2012). 노인복지론. 서울: 신정.
임호찬(2015). 심리검사의 종류와 활용. 고양: 서현사.
장일상, 임효림, 이수정, 조두이(2018). 화투색칠하기. 고양: 서현사
전도근(2018). 치매예방과 치료. 고양: 서현사.
전승훈(1994). 프로 레크레이션. 서울: 크리스모드
주스트 엘퍼스 지음, 백우영 역(1985). 7인의 마법사. 서울: 문선사.
채정호 외 2인(2007). 스트레스와 정신질환 서울: 대한심신스트레스 학회.
최병철(1999). 음악치료학. 서울: 학지사

저자소개

빈대욱

남서울실용전문학교 학장

경남대학교를 졸업하고 국립제주대학교 교육대학원 음악교육학과를 졸업했다.
현재 추계예술대학교 일반대학원 문화예술경영학 박사 과정을 밟고 있다.
19대 대통령 당선 축하콘서트 총감독과 문화재청, 고창문화재야행 예술총감독을 맡았으며, 한국SNS기자연합회 대한민국 자랑스러운 한국인대상 심사위원(2017), 서울문화홍보원 문화예술 총감독(2016)을 맡기도 했다.
한국직업능력개발원(NCS) 문화콘텐츠기획(2017) 집필자 대표(좌장)역임했으며, 남예종예술실용전문학교 공연예술학부장(2015~2018), 추계예술대학교 겸임교수(2015~2017), 체코브르노국립예술원 대학원장(2016~2017)을 역임했다.
2007 국립제주대학교 교육대학원 최우수 논문상 수상
2015 국무총리 표창 수상
학술논문 및 연구활동으로는 NCS학습모듈개발_문화콘텐츠기획(2017), 〈한국군악대의 발전방향에 관한 조사연구: 해군군악대를 중심으로〉 가 있다.

장일상

남서울실용전문학교
노인스포츠학과 외래교수
(사)행복나눔연구소 대표

서원대학교 임상건강운동학과를 졸업하고 서원대학교 대학원에서 아동노인체육전공으로 체육학 석사학위를 취득한 후 중원대학교에서 교육학 박사과정을 밟고 있으며, 현재 사회단체 행복나눔연구소 대표로 행복전도사 역할을 하고 있다. 서원대학교 평생교육원, 제천, 진천 평생학습센터, 자원봉사센터, 충북자치 연수원, 농업기술센터 등에서 100세 시대 생활건강, 이혈건강 코칭과정을 강의하고 있으며, 18년 동안 전국의 건강센터, 문화센터, 건강식품회사, 충청북도 청소년 성문화센터 성교육, 청소년 금연교실, 생명존중 프로그램 등에서 '건강은 행복이며 마음의 행복은 뇌건강이다!'라는 소신으로 건강코칭 강사로 활동하고 있다. 그리고 이혈봉사단으로 제천, 진천, 충주, 음성, 증평, 괴산, 대전 등에서 활동을, 상록이혈봉사단으로 청주와 대전 등 노인복지관, 요양원, 주간보호센터 등에서 봉사를 하고 있으며, 한국문화예술위원회 충북문화재단에서 주관하는 인생나눔교실에서 어린이와 청소년, 군인들을 위한 인생멘토 역할을 하고 있다.
저서로는 《현장 활동가를 위한 화투색칠하기》(공저) 《느리게 사는 연습》(공저), 《분노다스리기》 등이 있다.

임효림

남서울실용전문학교
사회복지계열 노인스포츠학과장
한국힐링경영연구원 원장

명지대학교를 졸업하고 성결대학교 사회교육원 노인교육지도사 자격증을 취득(2006), 경희대학교 평생교육원 실버체육지도사 자격을 수료(2009)하였다. 연세대학교미래교육원 유머스피치과정 강사로 활동하였으며, 현재 동국대학교 인문문화예술 최고위과정 강사, 시립관악노인종합복지관 중풍예방교실 어르신을 위한 노인건강운동강사로 활동하고 있다. (전국)여성새로일하기/여성인력개발센터/여성일자리창출 및 경력단절 여성을 위한 프로그램 진행. (전국)농업기술센터생활개선팀/자격증과정, 명강사과정진행 현장스킬전문교육양성과정 강사이며, 한국힐링경영연구원 원장으로 노인치매예방, 노인건강운동, 인생이모작사업, 자존감회복, 긍정마인드을 위한 다양한 활동을 하고 있다.

KBS, MBC, SBS, YTN 등 다수 방송출연으로 현장교육전문가로 활동하고 있으며, 기업체, 관공서, 대학교 등에서 3500여회 강연을 이어오고 있다.

수상으로 2018년 대한민국 교육공헌대상, 2018년 글로벌사회봉사 인물대상, 2018년 대한민국 사회발전대상

2017년 자랑스런 대한민국 한국인 대상/해외봉사상 힐링큐레이터 등이 있다.

저서로는 《현장 활동가를 위한 화투색칠하기》(공저)《新중년 힐링(웃음, 실버, 건강》 《힐링현장교육전문가 》 등이 있다.

조두이

남서울실용전문학교
노인스포츠학과 책임교수
힐링플러스센터 원장

청소년 교육학을 전공하면서 청소년 상담 쉼터로 올바른 인성갖기운동 및 행복한 나 찾기 운동 봉사를 시작 현재는 긍정매니저로 전국으로 "할수 있다"는 동기부여 활동을 하고 있다.
연세대학교 유머스피치과정 강사활동을 하였으며, 거창대, 경기대, 전국평생교육원 및 여성대학, 보건소, 건강보험공단, YWCA 등 전국 공공기관 등 노인건강, 치매예방(뇌건강), 액티브시니어, 인생이모작, 긍정마인드갖기, 실버헬스케어, 실버놀이지도사, 힐링코디네이트, 건강매니저, 창의융합놀이 등 활동을 하며 매주 해피스마일, 청춘교실 프로그램을 진행하고 있다.
(전국)여성인력개발원/새로일하기센터/여성일자리창출 및 경력단절여성/전문강사양성, (전국)농업기술센터/농어촌일자리창출 자격증과정진행, (전국)전통/전래놀이 자격과정진행, (전국)노인건강외 1급 실버강사 자격과정을 진행하며 (사)한국사회원예상담협회, 은빛희망협회 대표 강사, 한국힐링경영연구원 부원장을 맡고 있다.
수상으로는 2018년 대한민국 교육 브랜드 대상, 2016년 해외봉사상, 아리랑축제 감사상, 러시아한인봉사상이 있다.
저서로는 《현장 활동가를 위한 화투색칠하기》(공저)

이수정

남서울실용전문학교
노인스포츠학과 외래교수
목원대학교 음악원교수
음악교육연구소 클랑 대표

혜천대학에서 피아노, 목원대학교에서 오르간, 충남대학교 대학원에서 음악교육 석사를 졸업 후 독일 하노버국립음대에서 오르간 디플롬 및 교회음악(Kirchenmusic-B) 디플롬 학위 졸업, 오스트리아 빈국립음대와 네델란드 암스테르담 국립음대에서 오르간을 최고연주자 과정까지 모두 마쳤다.
귀국 후 목원대학교 창의교육원에서 오르간 교수로 재직, 중원대학교 객원교수를 역임하고 음악교육연구소 클랑 대표로 문화예술기획 및 음악을 중심으로한 융합문화예술교육에 힘쓰며 다양한 교육사업을 진행하고, 금산소년소녀합창단 상임지휘자, 한국문화예술교육진흥원 예슬강사, 한국예술인복지재단 파견예술인, 예술꽃씨앗학교 예술감독, 한국문화예술위원회 인생나눔교실 튜터, 이수정오르간아카데미, 세종클랑앙상블 단장 및 지휘자, 치매예방 음악지도자 과정 총괄 및 주강사로 왕성한 활동을 하고 있다.
대전MBC 생방송 "아침이 좋다" 의 문화가 이사람 코너에 출연하였고(2012), 2018 테마 스페셜 "연산에서 꽃피고 있는 마을교육공동체"에 출연하였다.
목원대학교 음악원과 남서울실용전문대학에서도 노인스포츠학과 교수로 음악을 활용한 다양한 프로그램 개발 및 강의에 힘쓰고 있다.
수상으로 한밭신인음악가상 (2012), 문화체육관광부 장관상 (2016), 황홀극치 사업 공모제안전 우수상(2016), 한국문화예술위원회 인생나눔교실 공로상(2016)을 받았다.
저서로는 《현장 활동가를 위한 화투색칠하기》 (공저)가 있다.

임귀희

국립공주대학교
지역사회개발학부 겸임교수

단국대학교 대학원에서 석사(사회복지, 2010), 국립공주대학교 대학원 교육학박사(지역사회개발, 2016) 학위를 취득했다.
현재 국립공주대학교 지역사회개발학부 겸임교수, 서울사회복지대학원대학교 가족복지과 전임교수, 한국치매협회 치매가족 전문교육강사로 강의를 하고 있다.
서울대학교병원에서 근무하며, 한국힐링경영연구원 전임교수, 한국에니어그램 전문강사, 관악교육원(호스피스, 장례지도사) 전임교수로도 왕성하게 활동하며, 서울 뉴양천라이온스클럽 회장을 맡고 있다.
수상으로는 1998년 19회 서울특별시 검도회장기 종별선수권대회 동메달,
2007년 제8회 복지의 날 봉사부분 서울특별시장상, 2012년
보건복지부장관상이 있다.
연구활동 및 저술로는 노인의료복지시설 간호 인력의 조직문화와 파워먼트가 조직유효성에 미치는 영향(공주대학 박사학위 논문, 2016)
노인요양시설 간호 인력의 조직문화가 임파워먼트에 미치는 영향(한국자치행정학회)

노인의료복지시설 간호 인력의 조직문화와 직무몰입이 조직시민행동에 미치는 영향(국가정책연구소)

국가직무능력(NCS)기반 평생교육에서 학습자의 직무능력 개발이 직업기초능력 향상에 미치는 영향(한국산학 기술학회)

보육시설평가인증제와 보육의질 -학부모와 교직원 중심_(21세기 사회복지학회)

이혜숙

(전)군산대학교 객원교수
대한건강문화연구소 부대표

군산대학교 대학원에서 가정학과 석사학위를 취득한 후 군산대학교 아동가족학과 박사수료를 하였으며, 군산대학교에서 객원교수로 가족학, 결혼과 가족, 노년학, 가족복지를 강의 했다. 가족생활교육으로 건강한 가정을 세우기 위해 결혼예비학교, 부모코칭, 부부교육, 중년기교육, 노년기 교육 강사로 활동하고 있다. 가정교육사, 성폭력상담사, 가정폭력상담사, 심리상담사, PREPAER ENRICH CV 상담사, 가정원칙 강사로 대학교에서 학생상담을 하고 건강가정지원센타 객원 상담원으로 개인, 가족상담을 하고 있다. 현재 노인복지관 청춘학당 강의, 노인대학, 주간보호센타, 경로당, 복지관에서 치매예방교육, 실버체조, 웃음치료, 미술치료, 힐링건강, 뇌 건강 프로그램 강사로 주 활동하고 있으며, 건강하고 행복한 가정들을 세우기 위해 어린이, 청년, 부모, 부부들의 교육과 상담으로 멘토 역할을 하고 있다.

노 인 여 가 지 도 사

2018년 11월 25일 1판 1쇄 인쇄
2018년 11월 30일 1판 1쇄 발행
2019년 2월 25일 1판 2쇄 발행

지은이 빈대욱 장일상 임효림 조두이 이수정 임귀희 이혜숙
펴낸이 조재성
펴낸곳 서현사
등 록 2002년 8월 14일 제03-01392호
주 소 (10447) 경기도 고양시 일산동구 중앙로 1055번지 레이크하임 206호
전 화 031-919-6643 팩 스 031-912-6643
ISBN 979-11-88986-21-7 93370
정 가 16000원
저자와의 협의하에 인지는 생략합니다.
잘못 만들어진 책은 구입하신 서점에서 바꾸어 드립니다.